あり方で生きる

大久保 寛司

はじめに

人は幸せになるために生きています。

あなたが仕事をしていることも、究極は幸せになるためです。

現実にそれを実現することは、なかなか難しいものです。
いろいろなセミナーに出掛け、たくさんの本を読み、多くのことを学びながら……。
しかし、なかなか、人は幸せになることはできません。

今、多くの学びは、「やり方」に焦点が当たっています。
「どうやったら幸せになれるのか？」「どうすればよいのか？」
これらは全て「やり方」です。

例えば、「どうしたら、人と良いコミュニケーションをとれるのか？」
どんなにコミュニケーションの「やり方」を学んだとしても、良好な意思疎通を図ることは難しいものです。
コミュニケーションの本質とは何か。
それは、その人の日頃の「あり方」が重要なのだと思います。

「やり方」ではなく、「あり方」。

自分のありようそのものが、どのような存在になっているのか。
それこそが最も大切なことではないでしょうか。

「やり方」に関しては、多くの教えや書籍が出されています。
この本は自分自身の「あり方」を見つめていただくためのものです。

自分の「あり方」を変える時、周りに起こることが、きっと変わってくることでしょう。

[**VOICE NAVIGATION**] ※著者からのメッセージ
まずは、QRコード先のサイトから音声をお聞きください。

是非、自分の「あり方」を見つめてみてください。

この本は理解することが目的ではありません。

この本をきっかけに自己との対話を深め、行動・実践すること。
その行動を通じて自らが幸せになること。
一人でも多くの周りの人を幸せにすること。

そのような存在になっていただきたい、
この本を著した心からの願いです。

皆さまのお役に立てますように。

目次

はじめに

第一章　振り返ってみる
　表情は他人のためにある ………………………………… 8
　言葉の奥にある心を観る ………………………………… 12
　どんな人でも、やる気はある …………………………… 16
　あるべき姿を語るのではなく、実現する ……………… 20
　聴く力を磨く ……………………………………………… 22

第二章　考えてみる
　雰囲気は仕事力 …………………………………………… 28
　知恵と愛と推進力 ………………………………………… 32
　相手にはそうする理由がある …………………………… 34
　悩まないで考える ………………………………………… 38
　信頼される存在になる …………………………………… 40

第三章　向き合ってみる
　指を自分に ………………………………………………… 48
　心の扉は中からしか開かない …………………………… 52
　人は一点しか見ていない ………………………………… 54
　人生の主人公になる ……………………………………… 58
　子どもからも学べる ……………………………………… 60

第四章　見つめてみる
　良い結果には良い過程がある …………………………… 64
　人は発信体であり、受信体でもある …………………… 66
　強く観るところが伸びる ………………………………… 68
　忍耐力を高める …………………………………………… 70
　余韻のある人 ……………………………………………… 72

第五章　心を込めてみる
　背景を理解する ……………………………………… 80
　他人は言った通りには動かない …………………… 82
　人は自分が見えない ………………………………… 84
　しているつもりと、できているの違い …………… 88
　心を込めて話す ……………………………………… 90

第六章　受け入れてみる
　正論では人は動かない ……………………………… 94
　仕事とは価値を生むこと …………………………… 96
　顔が全て ……………………………………………… 100
　うまくいかないようにうまくしている …………… 102
　どんな人も変われる ………………………………… 104

第七章　変えてみる
　どんな人について行きたいか ……………………… 114
　性分はいくらでも変えられる ……………………… 116
　叱るのか、誉めるのか ……………………………… 118
　人は多面体 …………………………………………… 120
　言葉の本質はエネルギー …………………………… 124

第八章　聴いてみる
　信頼されるリーダー ………………………………… 128
　人間の幅 ……………………………………………… 130
　優秀な人 ……………………………………………… 132
　ジャッジしない ……………………………………… 136
　認めることの大切さ ………………………………… 138

第九章　本気で動いてみる
何を言うかより、誰が言うか‥‥‥‥‥‥‥‥‥‥‥‥‥‥ 150
全ては、なるようになる‥‥‥‥‥‥‥‥‥‥‥‥‥‥‥‥ 152
深い響きを持った人‥‥‥‥‥‥‥‥‥‥‥‥‥‥‥‥‥‥ 154
本気であること‥‥‥‥‥‥‥‥‥‥‥‥‥‥‥‥‥‥‥‥ 156
真心と常識で判断する‥‥‥‥‥‥‥‥‥‥‥‥‥‥‥‥‥ 158

第十章　実践してみる
理想を語ることと、実践することは別次元‥‥‥‥‥‥‥‥ 164
求めていることは、求められていること‥‥‥‥‥‥‥‥‥ 166
環境も生い立ちも越えるもの‥‥‥‥‥‥‥‥‥‥‥‥‥‥ 168
頭を使う‥‥‥‥‥‥‥‥‥‥‥‥‥‥‥‥‥‥‥‥‥‥‥ 172
死ぬ時に、自分の人生に○(マル)をつけられる生き方‥‥‥‥‥‥ 174

おわりに

第一章　振り返ってみる

1 表情は他人のためにある

ある企業研修で、幹部の方たちにお伝えしました。

「皆さんの表情そのものが、部下のモチベーションにとても影響があります」

皆、深く頷かれましたが、だからといって、いい表情ができるわけではありません。なぜなら、人は自分の表情を見ることはできないからです。

そこで、私は、提案しました。
「皆さん、是非、机の上に鏡を置いてみてください。そして、その鏡を時々見るようにしてください」

数ヵ月後のフォローアップ研修で、
私はお訊きしました。

「皆さん、机の上に鏡は置いてありますか？」
「はい、置いてあります」
「見ていますか？」
「見ていません！」

実は、20人近くいた幹部の方々、全ての人が鏡の自分を見ていなかったのです。

「なぜですか？」とお訊きしたら、
異口同音に出てきた答えはなんと……

「自分の顔を見ると、憂鬱になるんですよ」

第一章　振り返ってみる

私は思わずお伝えしました。

「皆さんは鏡を見なければ救われます。でも、皆さんの部下はその顔を見て仕事をしているのです」

その時、私自身も気がついたことがあります。
顔は自分のものです。でも、表情は自分のためではなくて、実は他人(ひと)のためにあるんです。

ですから、「私の表情はこんなものなので、しょうがないです」と言う人には、はっきりと伝えます。

「それは、迷惑です」

表情が暗い人やしかめっ面の人は、ある意味、生きているだけで、不愉快な菌をばらまいていることと同じです。

表情は他人(ひと)のためにあるのです。

明るい表情をして生きている人は、
それだけで周りの人を幸せにしています。

ただいるだけで、ただ歩いているだけで、
周りの人を幸せにできる人間でありたいものです。

第一章　振り返ってみる

2 言葉の奥にある心を観る

第一章　振り返ってみる

小さな子どもがよく使う言葉。

「あんなもの欲しくないもん」とか
「○○ちゃん大嫌い」とか。

それを聞いた大人が、

「そう。□□なんて欲しくないんだね」
「そっか、○○ちゃんが嫌いなんだね」

と答えたら、どうでしょう？

子どもはきっとこう思うでしょう。
「この人、私の心を何も分かっていない」と。

相手の表面の言葉だけを見て、心の奥底を観ていない時、その人の本当の思いを理解することはできません。

家に帰ると奥さんがずーっと話しかけてくる。
こっちは疲れているので、
「ところで何が言いたいんだ？ 結論を言えよ！」
と言ってしまう。よくある話です。

言葉の奥の心を観てみたら、どうでしょう？

いろいろと話をしていても、奥さんの奥底の思いは、
「話をただ聞いてほしい、自分を理解してほしい」
ということです。

世の中の男性の多くは、どうもその思いを理解しないで、
「結論はなんだ？ 早く言ってくれ！」
と言ってしまいがちです。そこで、奥さんからは
「あなたは私のことを分かっていない」
と言われてしまうのです。

「いや、分かっていないのは君の方だ。
君が何を言っているのか、分からないから訊いているんだろう」

旦那さんは、
奥さんの気持ちを全く理解していないのです。

会社の中で、社員とのやりとりでも全く同じことが言えます。表面の言葉に反応して、否定する、説教する、というのは実に愚かなことです。

その奥には、いろいろな思いがあります。
その思いを洞察できる自分でありたい。

別の言い方をすれば、
言葉の奥にある心を観ること、
感じとることができる自分であるか。

もし、それを感じとることができれば、相手に対しての言葉、態度というのはきっと変わってくるでしょう。

表面だけに対応することは、ある意味、子どもでもできます。それは、精神的に大人になっていないということでもあります。

第一章　振り返ってみる

何か不可思議なこと、理解できないこと、
変なことを言われた時には、
「ところで、この人は心の奥底では何を考えているのかな？
何を悩んでいるのかな？」
という観点で見ていただきたいと思います。

その意識をもっていれば、
必ず何かが観えてくるようになるものです。

3 どんな人でも、やる気はある

ある50代のダンプのドライバーの方がいました。その人は会社の中で、仲間を集めて、会社全体を思わしくない方向に引っ張ろうとしていました。

会社としては困る存在なので、「彼にはいろいろと言動に問題がある。始末書を3枚集めることができれば、合法的に辞めさせることはできる」ということで、役員会では、その人を辞めさせる方向で結論を出しました。

しかし、一人の役員が「ちょっと待ってくれ。彼を少し自分に預からせてほしい」と。
「君は何を考えているんだ？」
「とりあえず、少し待ってほしい」

そして、その役員は彼に対して、一つの行動に出ました。

それは何か？

すごく簡単なことです。

自分の方から、そのドライバーに「おはよう」と声をかけたのです。

その会社では、朝、ドライバーは出社すると、まず事務所の幹部が座っているところに行き、挨拶をしてからトラックに乗り込みます。

毎日、その役員は自分の方から歩み出て、そのドライバーに「おはよう」と声をかけたのです。

第一章　振り返ってみる

最初は無反応だったそうです。
翌日も彼は「おはよう」と声をかけました。無反応……
「おはよう」無反応……

それを繰り返しているうちに、いつしか、そのドライバーは、自ら会社を掃除するようになりました。1ヵ月以上経った時、「あのドライバーの応対が素晴らしい」と、追加の注文がお客様から会社に入るようになったそうです。

3ヵ月経った時、80歳近いその方のお母さんから会社の社長宛に手紙が届きました。

「うちの息子を立派にしてくださってありがとうございます。おたくに勤めるようになって、人として素晴らしい人間に変わってくれました。全ては、皆さんのおかげです」

その話を役員から聞いた時、私は尋ねました。

「よく諦めないで、『おはよう』とあなたの方から声をかけましたね」

「はい、以前の私でしたら、1回やって、無反応だったら罵倒して、『貴様なんか、会社をやめちまえ！』と怒鳴りつけていたでしょう。でも、大久保さんは言いましたよね。

『**どんな人でも、やる気はある。**
でも、そのやる気が底の方に埋まっている、
その奥底にまで言葉が届かないから出てこないだけなんです。

心の上の方に、いろいろなゴミが溜まっていて、そこで言葉が

17

止まってしまうから、相手からやる気が出ないのです。メッセージを送る側の力がないから、熱意が足りないから、継続できないから、だから、変わらない。

どんな人にもやる気はあります。その相手の奥底にまで心や言葉が届いた時、必ず相手は変わります』

私は"どんな人でも、やる気はある"ということは信じていませんでした。ただ、それが本当かどうか、試したかったんです。そして、確かめてみたんです。今、彼は会社の中で最も活躍してくれる人材になりました。やはり、彼にもやる気はありました」

人のやる気を信じる、私はその言葉は違うと思います。

どんな人でも、やる気はある。

ですから、周りの人が、その人のやる気を引き出せるかどうか。

その人に届くまでやれるかどうか。

信じるという言葉では、何かしら浅い、薄い感じがします。
客観的事実は、どんな人にもやる気はあるのです。

それを掘り出せるかどうか。

そこには、掘り出す側の力量、熱意、知恵、思いやり、エネルギー、そういうものが必要になるのです。

第一章　振り返ってみる

4 あるべき姿を語るのではなく、実現する

あるべき姿を語るのではなく、
あるべき姿を実現すること。

これがリーダーの役割であり、仕事をするということです。

ある製造メーカーを訪問した時、窓口の品質担当部長が、私に悩みを打ち明けてくれました。

「大久保さん、うちの工場現場ではミスが連発しています。いつもミスが多くて困っています。常に"ミスをしないように"と言っているんですけど。私の仕事は、朝から晩まで現場に行って、"ミスをするな"というだけで一日が終わってしまうほどです」

「それは大変ですね。ところで、"ミスをするな"と言ってミスは減ったんでしょうか？」

「それが少しも減らないんですよ」

「そうですか。部長のお仕事は、"ミスをなくせ"と叫ぶことではなく、ミスを減らすことではないでしょうか？ そのためには、ミスをしてはいけないという心をつくること、ミスをしたら、再発防止の仕組みを、皆で知恵を出し合って考えるような組織風土をつくることがお仕事だと思いますが、いかがでしょうか？」

その部長は黙りこくってしまいました。
「ミスをなくせ！」と言うだけなら、小学校1年生にも言えることです。

第一章　振り返ってみる

時々、こういう方がいます。
「俺があれほど"ミスをなくせ"と言っただろう！"ミスをするな！"と言ったのに、なぜ、ミスをするんだ！」と叫ぶ人。

「ミスをするな」と叫んでミスがなくなるなら、世界中からミスがなくなります。
そのように叫んでいる人は、人間への理解度があまりに浅いと言わざるを得ません。

あるべき姿、正しい姿を語るのではなく、
あるべき姿、正しい姿を実現することが、大切なのです。

「明るい職場をつくれ！」と言うことは正しくないんです。
明るい職場ができることが正しいんです。

「皆で協力しあって、この会社を良くしていこう！」と言うのは正しくありません。
皆が協力したくなる環境、思いをつくることこそが仕事なんです。

「仕事に対して、前向きに挑戦しろ！」
違います。

前向きに挑戦したくなる心をつくることです。

多くの方は、ただあるべき姿、正しい姿を言っているだけにすぎません。それでは何の意味もないのです。

5 聴く力を磨く

世の中には、「いかにすれば上手く説明できるか」といった、スピーチ、プレゼンテーションをトレーニングをする場がたくさんあると思います。

もちろん、それが悪いわけではありません。話し方、プレゼンテーションは大事であり、やはり、しっかり聞いてもらえる話し方を身につけるのはとても大切なことだと思います。

しかし、人との関係性においては、実は、話す力より聴く力の方がはるかに大切です。
理由は簡単です。
こちら側が一方的に話していても、相手を理解することはできません。

相手の話を聴くことによって、初めて相手の人となりや考えていることが分かるからです。

人は理解してくれた人に、ついていきたいものです。

「人は自分を理解してくれた人を信頼する」という基本がありますから、実は聴く力を磨くことこそが、人との関係性を良くする上で大切だということです。

一緒にいて楽しい人についても、どうでしょうか。
あなたは一方的に自分のことだけを話す人と、一緒にいたいと思いますか？

やはり、自分の話すことを聴いてくれる人と、

第一章　振り返ってみる

人は一緒にいたいものです。

ある美容院のグループを訪問した時、社員に集まってもらい、話をする機会がありました。

美容師は朝から晩まで立ちっぱなし。一見華やかですが、離職率も大変に高く、とてもキツイ、厳しい職場です。

私は集まった社員の中から最も若そうな人に問いかけました。

「いかがですか？　今年入られたんですか？」
「はい。入って半年くらい経ちます」
「そうですか。何回くらい辞めたいと思ったことはありますか？」
「いえ、辞めたいと思ったことは…」
「何回くらいありますか？」と更に訊くと、
「実は何回かありました」
「そうですよね。恥ずかしいことではありませんよ。美容院に勤めて、最初の年にほとんどの人は何回も辞めたいと思っていますからね。でも、あなたは辞めていませんね。なぜですか？」
「あの先輩が、私が行き詰まった時、いつも話を聴いてくれたんです。だから、辞めないでここまでくることができました」
「そうですか」

次に、別の社員に訊いてみました。

「あなたは今まで、辞めたいと思ったことは？」
「もちろん、あります」
「でも、辞めないで何年も続けることができましたね。どうしてですか？」

「はい、あの先輩がいつも行き詰まった時に、話を聴いてくれたからなんです」

実は、ある人の存在に、話が集中しました。
その人が常に聞き役になっているようだったのです。

そして、その人に質問をしました。
「あなたは随分、いろんな人の話を聴かれているようですね」
「はい。もし夜中に電話があったら、1時間でも2時間でも話を聴きます」
「すごいですね」
「いえ、すごくはないです。私、あまり頭が良くないんです。ただ話を聴くだけなんです」
「なんで聴けるんですか？」
「だって、同じ会社の同僚が悩んでいるんですから。私は何もできませんけど、ただ話を聴くことなら私にもできるんです。明け方までなることもあります」
「え、それでも聴くんですか？」
「はい、だって相手が悩んでいるんですから」

その人は聴く達人でした。カウンセリングの極意を意識せずに実践している方だったんです。
その人自らが行き詰まった時には、常に話を聴いてくれる別の人がいたそうです。

それは、その美容院グループの社長さんでした。

結局、トップ自ら、行き詰まった社員たちの話を聴く姿勢をもっていた。それがその組織の文化になっていた。離職率が高い美容業界

の中で、極端に離職率が低いのはそのためだったのです。

聴く力がいかに大切か。

人が最も悩みを深く抱えた時に、自分に話してもらえるかどうか。
これには、また別の観点が必要です。

すなわち、相手から信頼されているかどうか。**信頼していない人に、人が心からの悩みを打ち明けることはありません。**

「何でもいいから、困っていることがあったら言ってよ！ 私、聴いてあげるから！」
といくら言われたとしても、信頼していない人に、
人は思いを正直に語ることはありません。
そんな時、人は、「特にありません」と答えるでしょう。
でも、この「特にありません」という答えには、言葉が部分的に割愛されています。

フルセンテンスで言うと、こうなります。
「特にあなたには、言いたくありません」

でも、多くの場合、人は、「あなたに」を割愛して言っているのです。
心の奥を観ていけば、それは分かることです。

相手が「何もありません」と言って、それを鵜呑みにするようでは、洞察力が弱いのです。言葉の奥にある心が観えていないということになります。

基本はやはり信頼です。

ビジネスにおいても、職場においても、
信頼関係ができているかどうかが一番の基本になります。

であるならば、日々の言動において、自分はより信頼を深めることができているのだろうか。自分の言動が間違って、信頼を失うことはなかったのだろうかと、常に振り返ることが必要です。

信頼というベースができた時、これほど、強固な地盤はありません。地盤のないところで、いくら立派な建物を立てても、崩れていくように、信頼という関係がないところで、いくら組織の中で動き、いろいろなことを努力して積み上げたとしても、それは徒労に終わります。

あなたは強固な基盤を築いていますか？
信頼を築こうとしていますか？

日々の言動はどうですか？

振り返ってみてください。

第二章　考えてみる

6
雰囲気は仕事力

第二章　考えてみる

雰囲気には力があります。

**雰囲気をよくすることは、
必ず全てをよくすることにつながります。
仕事であれば、より高い成果を期待できます。**

私は時々、沖縄でセミナーをやらせていただきます。経営者の方々に集まってもらった時、その中にシーサーにそっくりの方がいらっしゃいました。その人はいるだけで、会場の空気を暗くするような雰囲気をお持ちの経営者でした。丁度、机の並びもＵ字になっていて、一番手前の入口にあたるところに、まさにシーサーのように座っておられました。

その人は私のセミナーに出て、一つの気づきを得てくれました。

「どうして、自分の会社の社員は皆、暗いのだろう？なぜ、自分の会社は暗いのだろう？」

しばらくして、**「そうか。自分の存在が彼らを暗くしているのではないか？」**と気づかれたそうです。

彼は会社に戻ってから、早速、社員を集めて言いました。

「皆が明るくなれないのは、私がいるからか？」
その時初めて、
社員は皆さん、明るい表情で「そうです」と頷いたそうです。

もちろん、皆に頷かれた社長は「とても落胆した」と言っておられました。

でも、そのあと自分自身で明るくなるように努力をし続けたそうです。
後日、その社長の部下にお会いしました。
「大久保さん、おかげさまで、うちの社長が本当に明るくなりました。以前は社長がいるだけで、社員は仕事が手につきませんでした。でも、今は、社長がいても気にならなくなりました。ですから、今、うちの会社はものすごく業績が上がっています」

私は思わず「え？」と驚きました。

雰囲気がよくなるだけで、業績があがる。

その観点でとらえると、いろいろなものが見えてきます。

リーダーの役割の一つ。
それは職場の雰囲気をよくすることです。

もし、リーダーが「職場の雰囲気をよくすることが自分の役割だ」と深く認識したら、どうなるでしょう。
大勢の社員の前で一人の社員を怒鳴りつけるということなど、全くできなくなります。
怒鳴られた人も、周りで聞いている人も落ち込みます。雰囲気が暗くなります。
大勢の前で人を怒鳴りつけるような人は、実は、全身全霊でその会社の業績を下げるように努力しているのと同じことなのです。

怒鳴っている人は、それが正しいと思っています。
見事に、**間違ったやり方を、ダメになるように、正しくやっていると言えるでしょう。**

雰囲気こそが大切なのである、と深く認識できたら、そのような言動は決してとれないはずです。
基本はすごく簡単です。

**雰囲気が大切なんだ、
よい雰囲気をつくることがリーダーの仕事なんだ、**
と理解することです。

そうすれば、きっとリーダーは明るい存在になれるはずです。

雰囲気は仕事力、これを肝に銘じていただきたいものです。

7 知恵と愛と推進力

良いことを言ったからといって、人が受け入れてくれるわけではありません。何かを成すには、根底において、愛というのが大切だと思います。

でも、愛をもっているからといって、知恵がないのはどうでしょう。

例えば、自分の大好きな恋人の身体に蝿が止まった。「許せない！」と言って、その蝿をナタで殺そうとしたらどうなるでしょう？

その行為は、大事な彼女の身体も、同時に痛めてしまうことになります。愛はあるけれど、知恵がないというのは、そういうことです。

子どもにふんだんに物を与えることもそうです。愛はある。でも、ふんだんに物を与えることによって、何にも感謝できない、全てが当たり前という、わがままな子どもを育てることにもなってしまう。これでは、知恵がないということになります。

愛と知恵、この二つの両輪が必要です。

思いやりがあり知恵があっても行動に移さなければ、
何の結果も生み出すことはできません。
知らない、考えていないのと同じです。

何か事を成す時には、前に進めるエネルギー、推進力というものも必要になります。

第二章　考えてみる

この愛と知恵と推進力、
全てが整った時に、事を成すことができます。

知恵と推進力だけでは、温かさが失われることがあり、
間違った方向に行くこともあります。

愛と知恵と推進力、この３つが揃って、
初めて何か事を成すことができる。

そのことを、是非、深く考えてみてください。

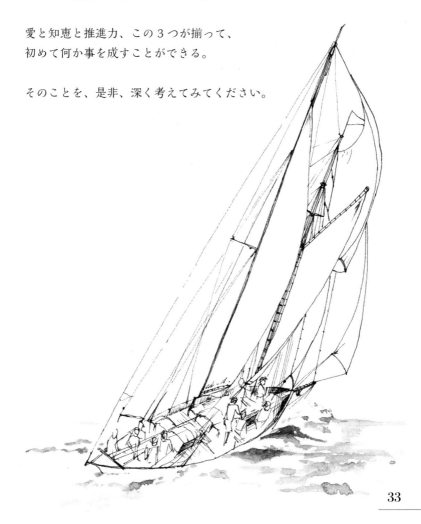

8 相手にはそうする理由がある

「なんで、そんなことをするの？」
「なんで、こんなこともできないの？」

よくある話です。でも、相手の立場に立ったら、そうする理由が必ずそれなりにあります。

最も、その理由には、身勝手、わがまま、非常識という場合もあります。

でも、正しいかどうかは別にして、必ず理由があるんです。
そして、その理由のところをしっかり理解する。
人は理解された時に変わる、私にとっては大切な気づきの一つです。

小学校2年生とお母さんの対話です。
お母さんは子どもに、家の手伝いをさせたかった。
「○○ちゃん、このゴミ袋、運んでくれない？」
「いやだよ」
「じゃあ、じゃんけんしよう。じゃんけんして負けた方が運ぶの。いい？」
「面白いね、やろう」

じゃんけんぽん
息子は負けました。

「それじゃ、運んで」
「いやだ」

今、言ったばかりです。今、約束したばかりなのに、息子

第二章　考えてみる

は嫌だと言うのです。
その方は「相手にはそうするだけの理由がある」と常々自分に言い聞かせている人でした。なんで息子は運んでくれないんだろう？

いろいろと考えたあげく、お母さんは次の言葉を発しました。

「〇〇ちゃん。お母さんに負けたのが悔しかったんだね」
「うん」
「でも、負けたんだよね」
「うん」
「運んでくれる？」
「うん。僕、運ぶよ」

以前の彼女であれば、「今、約束したことなのに、なぜ、約束を守らないの？ お母さんは人として約束を守る人間になってほしい。一番大切なことの一つなんだから」と言って、きっと説教をしていたそうです。

このような類の説教は、言っていることは正しいのですが、相手に受け入れられることはまずありません。
実は、母親と子どもの乖離をつくっているだけなのです。
親子の溝を深めているだけなのです。

相手にはそうする理由があるのです、それなりに。

そこを理解して、相手の気持ちになって、一言声をかける。

こんな話もありました。
あるご夫婦で、2人目の子どもが生まれる前に、妻から夫へ

「あなた、今回は実家で産みます」
「分かった」
「それから、もう二度と帰りません」
「なぜだ？」

奥さんは2歳の子どもを連れて、出ていったそうです。
「人にはそうする理由がそれなりにある」という言葉を彼は聞いてはいたのですが、理由は全く分かりませんでした。妻の実家に電話をして、妻から話を聞きました。

実は初めての子が生まれた時、家に帰るといつも揉めていたことがありました。
お母さんが赤ん坊に対して、信じられない行動をとっていたのです。ある意味、自分の産んだ赤ん坊をいじめているような感じでした。
夫は常に言い続けました。
「お前は母親だろう。何をやっているんだ。赤ん坊に対してそんなことをしていいと思っているのか！」
毎晩、これで揉めていたそうです。夫は妻に「どうしてあの時、あんな風だったの？」と冷静に訊きました。

何をしても泣き止まない。どうしていいか分からない。自分は母親になる資格があったのだろうか？と、妻はとても悩んでいたそうです。

「そんなに悩んでいたとは知らなかった。それなのに僕は、ただ正しいことを言っていただけなんだね」
と言って、電話の前で彼は号泣したそうです。

翌日から写真や動画が届くようになりました。2ヵ月後に、奥さん

第二章 考えてみる

は 2 人目のお子さんを連れて帰ってきました。

多くの方は実家に戻った奥さんに対して、次のような言葉を出すと思います。
「2 人目の子どもが生まれるのに、別れるなんてとんでもないこと。シングルマザーになったら、年収は 150 万円以下よ。どうやって 2 人の子どもを育てるの？ あなたの旦那さんは立派な会社に勤めて一所懸命やっているのだから、ちゃんと元のさやにおさまりなさいよ」と。

でも、その言葉を聞いて、彼女は元に戻るでしょうか。
元に戻ることはありません。

なぜか？
理由は簡単です。
その人の気持ちを理解していないからです。

相手の気持ちを理解していない時、正しい言葉に説得力はありません。
相手には必ず、そうする理由があるんです。

そこの奥深い本当の思いを理解して、それを言葉にして、相手に向きあっていく。そうすると、信じられないくらい、人は変わるんです。

変えようとするんじゃないんです。相手が変わるんです。

人は理解された時、変わる。

私が学んだゴールデンフレーズの一つです。

9 悩まないで考える

悩むことと、考えることは、脳の使い方が全く異なります。

悩んでいる人は考えていません。
考えている人は悩まないのです。

多くの人は、「いろいろと考えているんだ」と言いながら、実際は、ただ単に悩んでいるように見受けられます。

3日後にイベントがある。
今の天気だとどうなっちゃうんだろう？
もし雨でも降ったら大変なことになるな。

これは、ただ単に悩んでいるということで、何ひとつ解決することはありません。

では、「考えるとはどういうことか？」というと、
3日後の天気予報を見て、
Aのケース、Bのケース、Cのケースを考え、準備し、
その日に対応することです。

もちろん、翌日になれば、状況は変わってくるかもしれません。
その時にまたどうすればいいか、考えればいいのです。

考えたあとは、悩まないことです。

なぜなら、**悩んでも何ひとつ解決することはない**からです。

第二章　考えてみる

どんなに悩んでも、気象をあてることはできません。
あくまで、どうしたら良いか、ケース毎に考えることです。

考えている人は陰気な表情にはなりません。
逆に真剣に考えている表情はとても美しくさえあります。

あなたは、今悩んでいるのでしょうか？
それとも、考えているのでしょうか？

この視点から、自分自身を見直してみてください。

考えない限り、前に進むことはできません。

10 信頼される存在になる

私の話を聞いて、会社に戻って、社長に訴えた人がいます。
「社長！社員とコミュニケーションをとってください。社員を大切にしてください。頻繁に怒鳴らないでください」
しかし、何も受け入れてもらえなかったそうです。

「私は、あなたから学んだことを一所懸命伝えているのに、うちの社長は分かってくれないんです。私はいい会社にしたいんです。社長に変わってほしいんです。どうしたらいんでしょう？」
「簡単です。あなたがまず、社長から信頼される人間になることです」
いくら正しいことを言っても、その組織の中において、きっちり仕事ができていない人、成果を出していない人の話を聴いてくれる人はいないものです。

どうしたら、あなたが話を聴いてもらえるようになるでしょうか。

簡単です。

誰にも負けない努力をして、誰にも負けない成果を出すことです。
そのあとで初めて、あなたの正論は聴いてもらえるのです。

正しいことを言ったからといって、人が聴いてくれるわけではありません。

ましてや、社長が、上司が、部下の話を素直に聴いてくれ

第二章 考えてみる

るかどうか。その人が、彼らから信頼されていれば、可能になるというわけです。

もちろん、トップの立場の人は、仕事ができない人であっても、いい考えをもっていると思えれば、その考えを素直に聴き、受け入れるべきです。

でも、あなた自身が部下の立場だった場合……。部下の立場では、まず、**上司から信頼される存在になるということ。**

話をするのは、そのあとです。

ノート

[**VOICE NAVIGATION**] ※著者からのメッセージ
QRコード先のサイトから音声をお聞きください。

ノート

第三章　向き合ってみる

11 指を自分に

人は相手を変えようと思います。相手によくなってほしいと思います。
そして、相手にその要求をつきつけます。

最近、分かってきたことの一つ。

人を変えることはできない。
しかし、**人が変わることはできるということ。**

人が変わりたくなる、そのための環境、状況、条件をどうつくるか、ということが大切です。

相手に指を向けて、相手を変えようとするのではなく、
指は自分に向ける、
そこから解決に至る糸口を掴むことはできるのです。

ある研修で、「今、どんな気持ちで参加されていますか？」と訊いた時、「不愉快です」と答えた方がいました。
「なぜ、不愉快なんですか？」
「実は、家内に月々必要な家計費は与えてあるんですけど、出がけに『1万円くれ』と言われたんです。いつも言っているんです。出がけに言うな、と。前の日にちゃんと言え、と。でも、今日も出がけに言われたんです。全然気持ちよくないです」
「なぜ、出がけに言われたんだと思います？」
「分からないです。時々、出がけに言われます」
「理由は簡単です。奥さんにとって、ベストなタイミングをピンポイントで狙っただけです。あなたは前の晩に1万円くださいと言われたらどうします？ お前の管理がなっ

第三章　向き合ってみる

ていないと言って、文句を言いませんか？」
「そりゃ、管理がなっていないから言いますよ」
「奥さんは言われたくないですよね？ 言われたくないけど、必要です。ですから、あなたが靴を履いて出ようとした瞬間が、ベストなタイミングなんです。もう一つ。きっと奥さんはあなたが寝ている間に、あなたの財布に１万円札が入っているかどうかは確認してあると思います。もし、ない時に１万円くださいと言ったら、あなたから不愉快な言葉を投げかけられて、１万円もゲットすることができないからです。あなたは、未来永劫、出がけにしか言われません。なぜなら、あなたが出がけに言わせているからです」

指を自分に向けたら分かります。
「なぜ、出がけに言うんだろう？」
自分のことを振り返れば、すぐに分かることです。

「何回言ったら分かるんだ！」
「ちゃんとやりなさい！」と怒る人がいます。
指を自分に向けてください。
「どう言ったら、分かってもらえるんだ？」

「なんで、こんな大切なことを言わなかったんだ！」
　　↓
「なんで、こんな大切なことを言ってもらうことができなかったのか」

相手を責めて、相手が変わることはありません。

あくまでも指を自分に向けて、
自分の日頃の言動やあり方を振り返ること。
でも、多くの人は手の指10本、足の指10本を相手に向けて、相手

に変われと言っています。

でも、相手が自分の望む方向に変わることはなかったのでは？
もし変わったとしても、表面だけ。中が変わっていないのでねじれています。ねじれは、そのうち元に戻ります。
このことからしっかり、学ぶことです。

人を変えることはできないんです。
でも、人が変わることはできる。

変わりたくなる思いをつくる。きっかけをつくることです。

変わるきっかけは、相手を変えようとしないで、あなた自身が指を自分に向けて、なぜ相手がそのような言動をとるのか、と自分自身を振り返ることです。

恥ずかしい話、かくいう私も、いまだになかなかできません。
多くの人の前で「指を自分に」と何回も語ってきているのに。

ある意味、全ての責任は自分にあるという認識ですから、なかなかそのように思うことはできません。

でも、これだけは言えます。
指を自分に向けるように努力はし続けています。

第三章　向き合ってみる

12 心の扉は中からしか開かない

変わらない相手に指を向けて、厳しい言葉を投げかけて、相手が変わることはあるでしょうか。私はないと思います。そして、相手が変わらないと、語気を荒げる、言葉の数を増やす、圧力を強める、このような言動に、人は出がちです。たくさんの言葉を投げかけるとどうなるか。

心の扉は厚くなります。強引にこじ開けようとして、それこそ爆破しようとすると、中からどんどんどんどん扉は厚くなり、鍵は沢山かかっていきます。

相手の心の扉は、外から開けることはできないのです。
心の扉は、その人の中からしか開けられないのです。

「古事記」の中の「天岩戸開き」のお話と同じです。力の強いものが、扉の閉まった中に入った神様に「出てきてください」と言っても、出てきてはくれませんでした。

では、どうしたら、神様は出てきたのでしょうか？

外で飲めや歌えの大騒ぎ、皆が実に楽しそうにしていたら、「随分、楽しそうだ。なんだろう？」ということで、神様は中から扉を開けたのです。

これは人の心の扉が開く法則を示しています。

相手が内側から扉を開けたくなるような環境、状況、思いをつくること。
強引にこちらから心の扉を開けることはできないのです。
相手が開けたくなる思いをつくること。そのためには、や

第三章　向き合ってみる

はり、知恵が必要になります。「開けろ」と言っても開きません。開けたくなる思いをつくる。

周りが楽しければ、部屋に籠っている人も出てくるわけです。「部屋から出てこい！」と叫んでも、出てきません。自ら出てきたくなる状況をつくること。

心の扉の鍵は中からしか開けられないのです。

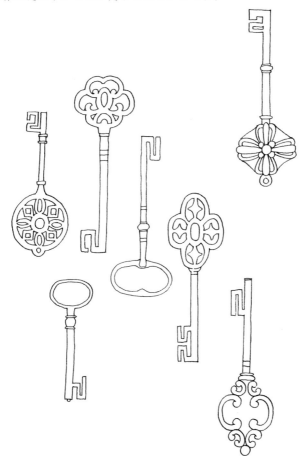

13 人は一点しか見ていない

人は得てして、他人の一点のみを見つめて、それが全てだと勘違いしやすいものです。

人にはいろいろな側面があります。

ある人にとっては嫌な人。悪口の対象。
別の人にとっては、とてもいい人、ステキな人。

それぞれの見ている視点が違うということです。

一つの側面だけを捉えて、「あの人はこういう人だ！」というのは、正しくありません。

例えて言えば、ハワイの離れ小島に行って、「アメリカってこういう国だ！」と言っているのと、なんら変わりはありません。

人にはいろいろな側面があります。

「私にはこう見える」というのが、正しい表現であって、「あの人はこうである」というのは、間違いであると思います。

見るところによって、相手の存在や見え方は全く変わります。自分が相手を嫌だと感じている時は、相手の人も嫌な感じと自分を捉えているということです。

良い感じを持つには、良いところを見るということ。
これが大切だと思います。

第三章　向き合ってみる

他人(ひと)の良いところを見ることが癖になっている人には、人が寄って来やすいものです。

皆で誰かを誉めていると、「だけど、あの人にはこういう嫌な点があるよ」と言ってくる人がいます。確かにそれは事実かもしれません。わずか一点の足の裏のほくろを指して、「ここが汚れているよ！」という人は、他人の欠点を見るのが得意な人です。

他人の欠点を見るのが得意な人に、他人は寄って来ません。
人は、認めてくれる人の傍に寄っていきます。

素晴らしい人と出会わない、素晴らしい人に囲まれることがない、周りは嫌な人ばかり……

理由はお分かりだと思います。

あなたが嫌な人なのです。

人は自分自身が見えないということをお話ししました。
見る方法があります！
自分を知る方法があります！

それは何か。

自分が日頃付き合っている人、自分の周りにいる人がどんな人かを見ればいいのです。

欲深い、自分のことばかり考える人に囲まれている人は、自分が同じ種類の人間であるということです。

自分の欲を捨てて、世の中を良くすることや、多くの人に幸せになってほしいという思いの人たちに囲まれている人も、やはり同じです。

見える世界を、自分の目に映る世界をよくしたいのであれば、自分自身を美しくすること、自分自身をよくすること。

不愉快な環境にあるからと言って、そこを逃げ出しても、行った先で嫌な人に出会うことになります。

全ては自分自身に原因があるということです。

他人を変えることはできませんが、自分自身を変えることはできます。

自分自身の心の持ち方、あり方を変えることが、あなたが日々生きていく中で出会う景色を変えていくことになります。

第三章　向き合ってみる

14 人生の主人公になる

周りの責任にする、他人の責任にする、会社の責任にする、上司の責任にする。自分以外のところに自分がうまくいかないことを責任転嫁する人は、ある意味、自分自身を捨てている人です。

自分が良くなるためには、周りが良くならなければならない。周りが良くならなければ、自分が良くならない。
それは、自分の人生の主導権を周りに委ねている人です。

上司が、会社が、周りが、世間が変わらなければ……
その発想を持っている人が、自分自身を幸せに生かすことなど、できるでしょうか。

「自分の足の裏はデリケートなんだから、自分の歩くところには、全てに厚い絨毯を張ってくれ」

極端な例えではありますが、「世界中に絨毯を敷け」というのは、もちろん不可能な話です。「周りの責任にする」というのは、この話と同じことです。

自分自身が変わること。全ての責任を自分自身におくこと。
それは自分を人生の主人公にすること。

嫌な役を演じることはありません。
脇役にならなくていいんです。
人は全員、自分の人生の主人公であるべきなんです。
そして、主人公になることができるのです。

あとは、あなたの心の持ちよう一つです。

第三章　向き合ってみる

15 子どもからも学べる

小学校1年生の娘さんがいるお母さんの話です。
その娘さんは、同学年の子と3年生の子からいじめを受けていて、とても困っていました。相談を受けた私は、彼女とお話しする機会をもちました。

「教えてください、どうしていじめるんですか。すごく悲しいです」

小学校1年生の女の子からそう尋ねられたら、あなたは、どう答えますか？

彼女は精神年齢が高いと直観的に感じた私は、こう答えました。

「あのね、いじめる子って、心に穴が開いてるんだと思うよ。その穴が埋まったらね、いじめがなくなるかもしれないね。その穴を埋めるにはね、その子の良いところを見つけて、見つけるだけじゃなくて、その子にあなたはこういう良いところがあるよと言ってあげたら、埋まるかもしれないよ」
娘さんは目をつぶって、その話をじっと聞いていました。

翌日の朝、彼女は「頑張って行ってくる」と元気に学校に出かけました。

その1ヵ月後、学校でいじめっ子から今度は自分の持ち物を引きちぎられてしまいました。
「これはもう公に話さざるを得ない」と、お母さんが学校の担任の先生に手紙を書き出した時、横でその娘さんが、明るい表情でこう言ったそうです。

第三章　向き合ってみる

「あっ、お母さん、〇〇ちゃんの良いところ、2つ見つけたよ！」

「私は今、娘から教わっています」
お母さんはそう気づいたのです。

**学ぶ対象に年齢も性別も国籍も
一切関係ありません。
経歴も関係ありません。
大切なのは、学ぶ側の質です。
幼い子どもからも学べます。**

**何をどれだけ学べるか、それは、自分の
姿勢と能力にかかっているのです。**

第四章　見つめてみる

16 良い結果には良い過程がある

「私のスタッフは、みんなやる気に満ちています。私は特に何もしていませんが……」

この言葉を聞いて、あなたはどう思いますか？

この言葉の表面だけを鵜呑みにしているようでは、本質を観ていないということになります。

もし、スタッフがやる気に満ちて、自らどんどん仕事をしているようであれば、必ずリーダーは、そうなるような言動をとっているのです。

「何もしていない」と言うようなリーダーに、「あなたは、人を見ていて、何かあったら自分から声をかけていませんか？ 励ましていませんか？」とお尋ねすると、「特にしていません」という答えが返ってくることがあります。

でも、周りのスタッフに話を聞くと、
「その通りです。あのリーダーは、行き詰まると必ず声をかけてくれます」
「いつも見てくれています」
「毎日、ニコニコ笑って、私たちを見てくれています」
「困った時には、相談に乗ってくれます」
と、次々に前向きな内容が出てきます。

やはり、組織が、人が、思うように動いているのは、
そのようになるようにリーダーが動いている、ということです。

本質は簡単です。

良い結果には良い過程がある。

良い結果が偶然生まれるということは、"ない"のです。

もし、偶然という得体の知れないものが、良い結果、悪い結果を生み出すのであれば、人という存在にはどんな意味があるのでしょう？どんな価値があるのでしょう？

全てが偶然の結果であるとすれば、生きていないのと同じような気がします。

あくまで、良い結果には良い過程、それを自分自身が生み出していることを忘れてはならないと思います。

偶然はない。
起こるべくして、起こっている。

うまくいかないようにしているから、うまくいかない。
うまくいくようにしているから、うまくいっている。

17 人は発信体であり、受信体でもある

人はいろいろな思いを受け取ります。他人の言葉を受け取る、文字を受け取る。これは受信体の状態です。

でも、人は、思いをもつことによって、エネルギーを発することもできます。人というのは、受信体でもあり発信体でもあるのです。

どんなエネルギーを受信するかで、その人の生き方、表情、身体の調子も変わってくるでしょう。どんなエネルギーを発信するかによって、同じく生き方、表情、動作も変わってくると思います。

**輝いている人は、輝きを発信し、
輝きを受信している。**

第四章　見つめてみる

人生がなかなか開けない方は、つまらないものを発信し、つまらないものを受信しているのだと思います。

**何を発信し、何を受信するかは、
あなたの心が握っています。**

受信も発信も周波数をどこにセットするかは自分が決めています。今、この空間には、たくさんの情報が、同時並行的に存在しています。テレビだけでなく、ユーチューブなども見れば分かるように、この空間には音も映像も無限に存在しています。そのうちのどれを受信するのかは、自分が決める。それと同時に何を発信するのかも自分が決める。

どうせなら、良いものを発信し、良いものを受信する自分でありたいものです。

67

18 強く観るところが伸びる

音痴というのは、実は素晴らしい能力を持った人です。自分が育つ環境において、周りにいる人が、微妙に音を外していた。周りから外れた音が出ていた。その微妙な外れを見事にマスターした人であるわけです。ですから、能力がないわけではなく、しっかりとした能力はあったのです。ただし、育つ環境によって音痴になってしまったということです。

音痴を治すにはどうしたらいいのでしょうか？
音痴を治そうとして、音痴に注目する。
音痴を消滅させようとすると、更に音痴になっていくそうです。実は、音痴に焦点を当てて治そうとしても、音痴は治せないのです。

では、どうしたらいいのか？

正しい音を身につける。それを繰り返す。

正しい音を身につける、その能力が高まっていく時、相対的に音痴というものが0になっていくのです。

すなわち、長所を伸ばすことが、短所を相対的に縮めていく、無くしていくことに繋がるということです。

苦手科目の克服月間といって、苦手科目ばかりやっていると嫌になります。得意科目をどんどんやらせていると、実は苦手科目さえ伸びてくるというのは、個別指導塾の先生や家庭教師が体験することです。

第四章　見つめてみる

やはり、人は良いところを伸ばすことが大切なのだと思います。

相手の良いところを見るというのは、実は、その見るところ自体を伸ばすという効果があります。
強く観るところが伸びる、育つ、発展するのです。

だとすれば、良いところを見ても、悪いところを見ても、その見るところが強く成長していくというわけです。

もし、このことが正しいとすれば、我が子を、妻を、夫を、部下を、上司を…良くなってほしければどうすればいいか、お分かりになると思います。

あなたは日頃、周りの人の良いところを、どれだけ強く見つめていますか？

欠点は非常に見つけやすいものです。
悪いところを指摘することは極めて簡単であると言えます。

良いところを見るには、こちら側にしっかりと相手を観る能力が必要です。自分に指を向けて考えてみてください。
もし、相手に良いものがない、長所がないと感じたら、それは、自分に相手の良さ、能力を見る視点が育っていないのだと。

決して、相手を責めないこと。
自分自身の視点を振り返って、自分自身を高めること。

もし、自分自身を高めることができたなら、きっと相手の長所を見ることもできるようになります。

19 忍耐力を高める

人の話を聴くことは大切だと分かっていても、興味のもてない内容の話をずっと聴くというのは、なかなか難しいものです。結論がでない話、何を言っているのか分からない話、よくあることです。

その時に「早く結論を言ってくれ！」「お前が何を言っているのか何も分からんぞ」と言ったら、相手は黙ってしまいます。すると、肝心の話も聴けなくなってしまいます。

肝心の話を聴けるようになるには、こちら側に忍耐力が必要なのです。

妻の話を聴く時にも忍耐が必要です。
何を言っているのか分からない、とりとめのない結論のない話。それでもじっと聴く。

忍耐力を身につけるためには、どうしたらいいでしょう？
それはただ一つです。

耐えることです。
耐えることを通して。耐える力がついてきます。

耐える力がついた時、
人は、耐えなくてよくなるのです。

人の話を聴くことも同じで、つまらない話でも悠然と聴ける力がついてくると、耐える必要がないのです。
ある意味、耐えている間は、まだ忍耐力が弱いということです。

第四章　見つめてみる

すぐにカッとなる、すぐに話をさえぎってしまう。

それは、忍耐力が弱いのです。

忍耐力を高めてください。

忍耐力を高める場面はたくさんあると思います。

忍耐力が高まった時、
生きていくのが楽になります。

あなたの忍耐力は、
今、どのレベルにあるのか、
考えてみてください。

20 余韻のある人

ある著名な方の講演を聴いた時のことです。
1週間経っても、2週間経っても、その人の何かが自分の中に鳴り響いていました。

まさに、余韻というものです。
その方は会場でただ黙って座っている時も、何か響きを発している人でした。

講演が終わった時に、聴衆がすぐに帰る講演もあれば、何となくその場からなかなか去れないという講演があります。

なぜ、去れないのか？
そこには余韻があるからです。
心地よいエネルギーが残っているから。
だから、その場から去りたくないのです。

私はその方にお会いしてから、自分も余韻を生み出せる人間になりたいと思うようになりました。
その人のことを思い出すだけで、何か穏やかな気持ちになる、深い思考を巡らせることができる。

そんな人間、まさに余韻のある人。

お寺に行くと、釣鐘があると思います。
釣鐘にも質があります。

強い力で叩くと、瞬間、大きな音がしても、遠くまで音が響かない釣鐘。軽く叩いたにも関わらず、その音が遠くまで伝わり、余韻の残る釣鐘。

第四章　見つめてみる

この違いは、何の違いか？
それは、釣鐘そのものの違いです。

その釣鐘が生み出す音の深さ。
軽く叩いても響き続ける釣鐘。

深さのない人間は、叩いた瞬間、大きな音が出たとしてもすぐに消えてしまう人。強く叩いてもほとんど響かない人。

軽く叩くだけでも、どこまでも響き続ける自分になりたいものです。

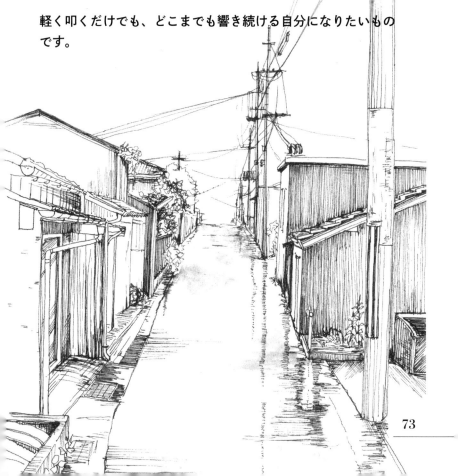

ノート

[**VOICE NAVIGATION**] ※著者からのメッセージ
QRコード先のサイトから音声をお聞きください。

ノート

第五章　心を込めてみる

21 背景を理解する

私の知り合いの女性が、香港の方と結婚されました。
香港に住むより日本の方がいいとのことで、日本に移住されたそうです。

彼はなぜか部屋の電気をつけておく癖がありました。
彼女は夫に「うちの電球はLEDじゃないし、電気代が高いんだから、使わない部屋の電気は消しておいてよ」と言うと、「うん、分かった」と言って消すのですが、いつの間にか、また部屋の電気がついていました。
外出する時には、なぜかトイレや風呂の電気まで全てつけてから、出かけてしまう。
結婚して以来、1ヵ月間、ずっとこのことで揉めていたそうです。
「なんでそうするの、やめてよ」と言うと、表面は従うのですが、相も変わらず、消していた電気をいつの間にかつけていたそうです。

相手にはそうする理由があるのです。
背景を理解することが大切なのです。

そこで、彼女は、「なぜ、電気をつけてしまうのか」を訊きました。そこで分かったことは簡単です。

香港では、外出する時、高層マンションですら全て電気をつけたまま出かけるそうです。
つまり、防犯のために電気をつけていたわけです。
それが分かったので、彼女は、日本の夜景を見せて、夜になれば、多くの家の電気が消えている、にも関わらず、泥棒は入っていない、それだけ日本は安心できる国であると

第五章　心を込めてみる

いうことを説明しました。
それ以降、彼が電気をつけたままにすることはなくなったそうです。

相手の理解できない言葉と行動には、必ずそうさせている、それなりの理由があるわけです。

すなわち、そうさせている背景がある。

もし、その背景が理解できない時には、そこをきちんと尋ねて明確にする。そうすることによって初めて問題が解決することになります。

「何度言ったら分かるのよ？　ちゃんと消してよ！」と言っても結局ダメだったわけです。

背景を理解し、それに対して適切な回答を与えた時、問題は解決したのです。

いろいろな行き違いも、背景を理解していないために問題が生じていることは多いのです。
表面に出てきた意見の食い違い、摩擦に腹を立てることなく、相手はどうしてそうするのか、どうしてそうなるのか、背景を考える癖、背景を洞察する力を身につけたいものです。

22 他人は言った通りには動かない

自分の言葉で相手が自分の思うように動いてくれたことがありますか？

私が70歳近くになって分かったことの一つ。
それは、人は他人から言われても、その通りには動かないということです。

例えば、あなたの奥さんはいかがですか？
あなたの言った通り、動いてくれますか？
あなたの旦那さんは言った通りに、動いてくれますか？
あなたのお子さんはどうですか？

皆、言うことを聞いてくれないんです。

ですから、人は他人の言った通りには動かない、と思っておいたほうがよいのです。

これがしっかり分かると、部下に対しても、「何で私が言った通りにやらないんだ！」という怒りがなくなります。

他人(ひと)は言った通りに動かないんです。
このことを理解するだけでとても楽になります。

でも、それでは仕事は進みません。

仕事をするということは、部下に指示、命令をすることではなく、言った通りに動いてもらうことです。動いてもらえないと、仕事の成果は生まれません。

第五章　心を込めてみる

動いてもらうにはどうしたらいいのか。

もちろん、言い方もあります。でも、**一番大切なのは、あなたの言葉を素直に受け取りたいと思ってもらえるような人に、あなた自身がなることです。**

もし、他人が言う通りに動いてくれなかったなら、こう考えてください。

自分自身に、自分のあり方にどこか問題があるのではないか。

もう一度申し上げます。

他人は、言った通りには動かないものなのです。

23 人は自分が見えない

あなたは、自分のことがどのくらい分かっていると、どのくらい見えていると思われますか。

人は恐ろしいくらい、自分が見えていない。
これが客観的な事実ではないかと私は思っています。

ある企業の幹部は、朝から晩まで怒鳴っているような方でした。私のセミナーを受講して、一日中怒鳴ってばかりいたことを反省し、なんと、部下を集めて詫びたそうです。

「今まで怒鳴ってばかりで悪かった。自分の今までを許してほしい。これからは怒鳴らないようにするから」と。
その幹部の話を聞いた時、私は感動しました。

その後、その方と部下と私と3人でランチをとっている時でした。

「なぁ、君、あれ以降、僕は人前で怒鳴ったことはないだろう？ 怒鳴らないようになっただろう？」
と部下に言いました。

部下は「そうですかね？」と冷たく言いました。
その瞬間です。

その部長は **「俺がいつ怒鳴った！！」**

と言って、大声で部下を叱りつけました。
公のレストランの場です。瞬間、怒鳴っています。
きっとその人は以前と同じように朝から晩まで怒鳴り続け

第五章　心を込めてみる

ているのでしょう。
自己認識は「全く怒鳴っていない」。
まるで見えていないということです。

ある会社の役員会で、「全員で現場に出て社員を誉めよう。社員に前向きな言葉をかけよう」という運動を展開したケースがあります。後日、その会社にお邪魔して、「どのくらいできましたか？」と各役員に尋ねたところ、15人中13人の方は、「まるで誉めることはできなかった、つい怒ってしまった」と反省していました。

ところがある役員が、「大久保さん、部下を誉め過ぎたら、部下がいい気になりました。いかがなものですか？」とものすごい厳しい表情で話しかけてきました。

「誉め過ぎはいけないと思いますが、あなたが本当にそんなに誉めるようになったのでしょうか？」と、つい本音を言ってしまいました。場の空気が凍りつくようでした。

その瞬間、私は「休憩しましょう」と言いました。
休憩をとったら、皆さん、少し落ち着くであろうと考えたからです。

その休憩時間に後ろでメモをとっていた人が、私のところに来て言ってくれました。

「大久保さん、あの人、うちの本部長なんですよ。誰のことも1回も誉めてないですよ」
「いや、待ってください。誉め過ぎたら、部下がいい気になったって仰ってましたよ」
「そんなの嘘ですよ。あの人は部下に対して、キツイことや否定する

言葉しか投げかけたことがない人です。よく言いますよ、ほんとに！前回の役員会で、人は恐ろしく自分のことが見えていないという話をしてくださいましたね。実はあの時、私は、あなたの話をバカにして聞いていました。でも、今日分かりました。うちの本部長、自分のこと、何も見えていませんね」

他にもこのような話をたくさん聞いてきました。とてもたくさん。

人は恐ろしいくらい、自分が見えていないのです。

しかし、人は、自分のことは自分が一番よく分かっていると思っています。分かっていないどころか、誤解しているケース。これがたくさんあるということです。

ならば、他人からあまり心地よくない指摘をされた時、「そうじゃない」と言い訳をするのではなく、「そういう面があるのかもしれない」と謙虚に受け止めて、自分自身を見つめなおす機会とすることが大切です。

一番自分を分かっていないのは、
自分なのかもしれないのですから。

第五章　心を込めてみる

87

24 しているつもりと、できているの違い

ある経営者が毎朝、会社に出ると、社員一人ひとりに「おはよう」と挨拶をしていました。

でも、社員にとっては、迷惑だったのです。その社長さんが社員一人ひとりの机の前に行って、「おはよう」と全員に声をかけ終わると、会社が暗くなっていたのです。

私は、そのことを社員から聞いたので、
「あなたが一人ひとりに声をかけると、どうも迷惑しているようですよ。あなたの声かけが会社を暗くしているようですよ」と伝えました。

「何、言っているんですか。私は明るく挨拶していますよ、明るく声をかけていますよ。コミュニケーションが大切だと思うから、わざわざ社員のところにまでいって、ちゃんと声かけをしているんですよ」

「分かりました。それでは、あなたのその朝の明るい挨拶を、そのドアから入ってきて、いつものようにしてもらえますか？」

「あ、もちろんですよ」
その場にいた2人の社員に、「スマホで動画をとってください」と頼みました。

「では、どうぞお入りください」
社長は、いつものような形で「みんな、おはよう！」と言って、部屋に入ってきました。
撮った動画を本人に見せると、

第五章　心を込めてみる

「全然、明るくないですね、暗いですね」
「もう一度やってみますか？」
「もう一度、やってみます」

彼はあまりというか、まるで明るくない挨拶をしていることに気がつきました。
二度目。また部屋に入ってきて、「おはよう」。
その二度目の録画を見せた時、彼は何と言ったでしょうか。

「全然、変わっていませんね」
気づいたにも関わらず、意識を改めたにも関わらず、その挨拶は、まるで変わっていなかったのです。

このことから何を学べるでしょう。
多くの方は「こうしているつもりだ」と言います。
しかし、ほとんど、できていないのです。

「私は人に対してこういう風に接しているつもりです」

「つもり」と「できている」は、まるで関係ないのです。

もし、自分が思うようにきちんとできているとすれば、相手の表情や態度が変わるはずです。
自分が本当にきちんとできているかどうかは、周りを、相手を見れば分かります。

しているつもりは、できていないんです。

25 心を込めて話す

トレイを再生する会社が高知にあります。
回収したトレイの分別が基本の仕事です。
工場のラインで働いている人は全員、知的障碍者です。
健常者は事務方に数人いるだけの会社。彼らに作業を教えると、健常者よりはるかに速いスピードで、流れてくる種々雑多なものを分別できるようになるそうです。

そして、彼らの特徴は、それを何時間でも持続してやることができることです。

そこの社長は毎月、障碍のある彼らに、「今月の目標はこうでした、実績はこうでした」と言いながら、経営状況をフィードバックしていました。
でも、彼らは何となく体をフラフラ動かしながら、誰一人聞いているようには見えなかったそうです。

それでも毎月、社長は彼らを集めては、「今月はこうだった！」「達成状況はこうだった！」ということを伝え続けました。

年度末になり、「皆さん、今年度の目標はこうでした。実績はこうで、見事に年間目標を達成することができました！」と言った瞬間、毎月聞いているかいないか分からなかった彼らが、「うぉぁ〜！」と声をあげ、拍手をして喜んだそうです。

彼らは聞いていたのです。

トップが一所懸命にしていた話を、毎月きちんと聞いてい

第五章　心を込めてみる

たのです。一見、聞いていないような表面の姿、でも、ちゃんと捉えていたということ。

日頃のやりとりでも、参考になる話だと思います。

「この人、話を聞いているのかな？」と思っても、一所懸命心を込めていれば、やはり話は通じていくのでは。

いつになるかは分かりませんが。

第六章　受け入れてみる

26 正論では人は動かない

「正しいことを言ったら、正しい結果が生まれるのか？」
そうならないことは多くの方が経験されていると思います。

正しいことを言うのは、実は正しくないんです。

もし、相手を理解していれば、信頼関係が根底にあれば、話は別です。しかし、相手を理解していないところで、正しい指示や指摘をしても、相手が変わることはありません。

今までお会いしてきた多くの校長先生たちにも申し上げました。
「校長先生は、子ども達を集めて、『いじめはしないように』『いじめられている人を見たら、勇気をもって、先生に言ってください』というようなお話しをされると思います。
そのメッセージを発信することが校長先生のお仕事だとは、私は思いません。
"いじめをしてはいけません"と言えば、いじめはなくなるんでしょうか？
"いじめをしてはいけないという心をつくること"が、校長先生や先生方のお仕事ではないでしょうか？ いじめられている人がいたら、勇気を持って先生に言えるような人間を育むこと、それが皆さんのお仕事だと思いますが、いかがでしょうか？」

「いじめをしてはいけません」と言って、いじめがなくなるのなら、すでに世界中からいじめはなくなっているでしょう。文字化した時に正しいことを言っている人は、それが正しいと思ってしまいます。
でも、私はシンプルに考えます。

第六章　受け入れてみる

「それで、変わりましたか？」

何かを変えてもらうために一所懸命相手に正しいことを伝えているのに、相手が変わっていないということは、必ず原因があるのです。その原因を深く考えることなしに、ただ正論を言っているだけの人が多いんです。

「ちゃんとやりなさい！」と、ただ怒鳴ってもミスが減らないのは当たり前です。「仲良くしましょう」と言うことで、いじめや戦争がこの世からなくなるなら、世界平和はとっくに実現しています。

正しいことを語るのではなく、正しい状況をつくること、実現すること、ここに焦点をおいていただきたいのです。

27 仕事とは価値を生むこと

仕事をするということは、世の中に対して価値を生むこと、お役に立つことです。

行政の方々を対象にしたセミナーの時でした。
そこでは県の担当者と市町村の担当者が集まっていました。県の担当者は市町村の担当者に対してたくさんの通達を出します。

私は「通達を出すのは大切な仕事ですか？」と問いかけました。
「あなたは行政のことはご存知なんですか？」
「いえ、皆さんのような役所の方とお話しするのは初めてなんです」
「それでは仕方ありませんね」

通達を出すということは、いかに大切なことなのか…
について、県の担当者の方は私に語ってくださいました。

そこで私は市町村の担当者の方達にその場で質問しました。

「皆さん、県から通達は来ますか？」
「たくさん来ます」
「その通達はどのように活かされているんですか？」

市町村から来た人々から異口同音に出た言葉、
それは、「何一つ見ていません！」

「もちろん、捨てたりはしていません。ファイリングはし

第六章　受け入れてみる

ています。でも、見ている余裕はないんです」

私は県の幹部の方達に言いました。

「皆さん、お仕事されたんでしょうか？ 誰も読まない資料を作っただけです。皆さんは通達を出すのが仕事だと思っているから、こうなるんです。出した通達が活かされたのか、成果を生んだのか、最終的に住民に対して良いサービスができたのか、ということを検証するということをしていないんです。

出すのが仕事だと思っているから、このようなことになっているんです。仕事をするとは価値を生むことです。そのためには、"何のためにどうなったか"を確認するというプロセスが必要です。

これは大変失礼ですが、仕事の基本です。そして、皆さんはその基本ができていなかったということになります」

そのあとの立食懇親会で、県の幹部に囲まれました。

ニガ笑いをしながら「君は生意気だ！」と。
「だけど、言っていることは正しいので、参ったよ」と。

そもそも仕事は何のためにしているのか、そしてどうなったのかを必ず確認、検証することです。

もし、それを検証することができたら、自分の仕事のやり方の不具合を見つけることができるようになります。

「なぜ、読んでくれないんだ？」

第六章　受け入れてみる

読みにくいからです。回数が多いからです。文章が長いからです。

相手の立場に立った時、もっと分かりやすく、簡潔に伝えようという発想が出てきます。

しかし、ただ通達を出すことが仕事だと考えている間は、そのような発想を持つことはできません。

常に、自分ではなく相手の側から見る。
そして、相手に役に立っているかを確認する。

これを確実にやっていくことが、仕事への姿勢の基本の一つです。

28 顔が全て

人は、まず相手の顔を見ます。
顔にはその人が現れます。

顔をごまかすことはできない
ということです。

「40歳を過ぎたら自分の顔に責任を持て」というリンカーンの言葉がありますが、誠にその通りだと思います。

50歳、60歳になって、顔が歪んでいる人は、歪んだ思いで、苦しい思いで生きてきた。
その結晶が今の顔・表情になっているのでしょう。

顔立ちというよりは表情。表情から出てくる雰囲気。
これこそが大切だと思います。
顔立ちを変えることはできません。
でも、表情と雰囲気を変えることはできます。

そして、今の表情や雰囲気は、その人自身の生きてきた過去の集大成であると言えます。

第六章　受け入れてみる

久しぶりに会った時に、「いい顔になったね」と言われる人は、必ずその間、素晴らしい生き方をした人だと思います。

「しばらく会わないうちに、どうしたんだ？ やつれたね…」と言われる人は、きっと苦しい生き方をしてきたのでしょう。

人の生き様は顔に出るのです。

鏡に映して自分の顔を見てみてください。

納得できますか？

納得できない人がいると思います。このように語っている私自身も自分の顔に、表情に納得できないことが多いです。

お互い、鏡を見た時に、自分の表情に納得できる自分になれるよう、努力していきましょう。

29 うまくいかないようにうまくしている

「なぜ私は何をやってもうまくいかないんでしょうか？」
簡単です。

あなたは、うまくいかないようにうまくやっているだけなんです。
成果が出る人は成果が出るようにやっています。
成果が出ない人は成果が出ないようにやっています。

そこに例外はないのです。

物事を進める時、常にうまくいかない人は、うまくいかないようにしかやっていないのです。
その方法しか選択できていない。その方法が正しいと思っている。
でも、うまくいかないということは、やり方が間違っているのですから、そのやり方を考え直してみるという視点が大切なのです。

「人が思うように動いてくれないんです」
簡単です。

人が思うように動かないように、あなたが動かしているのです。
相手が悪いわけではありません。

あなたの日頃の表情、言葉、動きが、相手を否定していれば、決して相手は思うように動いてくれることはないでしょう。

第六章　受け入れてみる

しかし、日頃の言動が、そして、あなたの存在が、周りの存在を認めるようなものであるとすれば、きっと周りの人は動いてくれます。

すなわち、人がうまく動くように、日頃の自分が動けているのです。

相手を変えようとしてはいけません。
それは絶対にダメです。

あくまでも、自分のあり方です。
うまくいかない時は、自分自身の日頃のあり方を振り返ってみてください。

30 どんな人も変われる

ある日、私のセミナーに素晴らしい方が来てくれました。

年は30代前半。彼の人生観の基本。
人間、金が全て。人は信じるな。

父親から教えられたことは、この2つ。
それだけで30歳過ぎまでやってきた人。

金を儲けるのに学歴はいらない、ということで彼は実質、中学卒。でも、20代前半で10億のビジネス。
数十万円のスーツを着て、外車を乗り回す日々。

でも、その時彼はあまり幸せを感じていなかったそうです。

この話を一人で45分してくれました。勉強会の第1回目の自己紹介で、45分は大変長いと思いますが、私はあまりに面白かったので、「なるほど。すごいね」と言って、時々途中で質問しながら、結局、3時間のセミナーのうち、彼一人の話で1時間15分を費やすことになってしまいました。

他の参加者からすれば、非常に不愉快だったそうです。
彼の話を聴くために、高い金を払ったわけではないと。
でも、そのあと毎月のように、彼はどんどん人間が変わっていきました。

3回目に会った時、「今、金はないけれど、僕は幸せです。
人生、金なんかじゃないですね」と言い始めました。
4回目には、ある自然災害を受けた地域にボランティアに

第六章　受け入れてみる

出かけたことを話してくれました。「先日、ボランティアに行ってきました。周りには"ボランティアに来てやった""○○をしてやった"と言っている人が何人かいました。とっても見苦しいと思いました。ボランティアというのはさせてもらうものですよ」

金が全て、人は信じるなという人生哲学、信念を持っていた人が、どうして、こんなに変わってしまったのか。私にも他の参加者にも不思議なことでした。

なぜ、変わったのか、そのことが分かる時がきました。

「大久保さんは僕の話を本当に心から一所懸命聴いてくれました。今まで私の話を聴いて、"すごいね"と言ってくれた人は、必ずそのあとで私を利用しようとしていた人たちばかりでした。でも、あなたはただ心から、"すごいね。ふーん"と言って、ずっと聴いてくれたんです。世の中にはこんな大人もいたのかと、人生の衝撃でした。あの瞬間から、私は生き方を変えました」
「え、私はあの時、ただすごいから、"すごい"と言っただけなのに、それだけであなたは、生き方を変えたの？」
「はい、そうです」

その時、彼から私は学びました。
判断しないで、そのまま受け取ることの大切さを。

良い、悪いではなく、そのまま受け取ることが、相手を素晴らしい方向に変えるんだなと。そして、どう見ても変わりそうにない人でも、やはり、変われるんだなと。

参加者からは「人の話を真摯に聴くことがいかに大切なことかを、

あなたは私たちの目の前で見せてくれました」と感謝されました。

人は必ず奥底に良いものを持っていると思います。
いろいろなボランティアをして、そのボランティア先で喜ばれて、不愉快になる人はいません。やはり、人は感謝された時、喜べるようになっています。

「人を騙して儲けた。自分はラッキーだった！」と、その時は思えても、心の底から喜べる人がいるのでしょうか。
私はそのようには思えません。人を騙して楽をしても、自分を楽にしても、どこかで自分を責める自分がいるのだと思います。

どんな人も良いものを持っている。どんな人も変われる。
それを引き出せるかどうか。
もちろん、私が全ての人を変えることができる、などというつもり

第六章　受け入れてみる

は全くありません。その能力もありません。

私以上に力量のある素晴らしい人はこの世にたくさんおられます。私にとってダメな人であっても、それ以上に素晴らしい人間を目の前にした時、きっと、その人は変われるのです。

「あいつはダメな人間だ！」というのは、正しくないと思います。「あいつは、"私では"ダメだ」「"私では"彼の良さを引き出せない」というのが正しい認識です。

全ての人を変えることはできませんから、「あいつはダメだ」と言っても構いません。でも、頭に「自分では」という言葉を忘れないでほしいと思います。

人は、どこかに必ず良いものを持っているのです。

107

ノート

[**VOICE NAVIGATION**] ※著者からのメッセージ
QRコード先のサイトから音声をお聞きください。

ノート

第七章　変えてみる

31 どんな人について行きたいか

あなたは、どんな人について行きたいと思いますか？

引っ張る力のある人ですか？
勇気のある人ですか？
力強い人ですか？
ブレない人ですか？
夢を語る人ですか？

もちろん、それらも大切なことです。

でも、人は、自分を理解してくれる人、自分を認めてくれる人、そんな人について行きたいものです。

受け入れる度量のある人、自分が少しはみ出た言動をとっても悠然と受け入てくれる人、嫌なことがある時に、嫌な顔をせずに平然としている人。
そういう人について行きたいと思うものです。

少しのことで叫んだり、しかめ面をしたり、周りの人に当たり散らすような人について行きたいとは思わないものです。

自分自身が他人からついてきてもらえる人間になっているかどうか、自分はどうあったらついてきてもらえるのか、考えてみてください。

第七章　変えてみる

32 性分はいくらでも変えられる

そのあなたの性分は誰が決めたのですか？
それはあなた自身が決めたことではないですか？

もし、その性分が好きでないならば、変えてみればいい。

人は自分の性分を変えられないと思っていますが、そんなことはありません。その気になればいくらでも、どのような姿にも変えることができます。

そのためには何をしたらよいでしょう。

まず、あなたの嫌な性分をリストアップしてみてください。
そして、どの性分を良くしたいか、決めてください。

これからそれを変えていきましょう。
どうしたら変えられると思いますか、考えてみてください。
他人からアイデアを訊いても良いです。
それらのことを、諦めずにやり続けてください。

必ず自分の性分を変えることはできます。

もちろん簡単ではありません。
でも、自分の性分が嫌ならやめればいいんです。
手放せばいいんです。
その性分を持っているのはあなたなのですから。
必ずできます。
手放した時、あなたの手は自由です。

次に何を掴むかも自由です。

第七章　変えてみる

33 叱るのか、誉めるのか

「叱るのと誉めるのと、どちらが良いのでしょうか？」

時々質問されることです。
あなたはどう思われますか？

それは、人と状況と場によって変わるということです。
時にはやはり、叱らなければならいことはあるものです。
でも、多くの場合、誉めることによって、人が伸びる、やる気が伸びるということも確かです。

もう一つ、叱る時の基本があります。

相手と自分の間に見えない信頼関係ができているかどうか。信頼関係ができていない時、叱る言葉はほとんど効果を生みません。せいぜい生み出せるのは、大きな溝を掘るということに過ぎません。

多くの方は、誉めているつもりでも、誉めていないことが多いものです。どうも日本人は誉めるのが苦手です。

コーチの世界でもよく言われることですが、日本のスポーツの世界では、欠点を指摘して、「それをなんとかしろ！」と叫ぶことが多いのが実情です。

しかし、海外では、良いところを認め、誉め、伸ばすことに力点が置かれています。
もちろん、常に海外のやり方がいいというわけではありません。

第七章　変えてみる

人の能力を伸ばすという観点においては、良いところを見て、それを言葉にして、伝えることが、やる気と能力を伸ばすことに繋がると思います。

そう言うと、必ず、「誉めてばかりだといい気になる人が出てきませんか？ やはり、叱ることも大切ではないですか？」という意見が出てきます。

「時に叱ることも大切ではないか？」という人には、一つの特徴があります。それは、常に叱っている、常に怒り続けている人が多いということです。誉める方に力点を置くくらいで、やっと叱る数が少し減る程度なのです。

ですので、私はあまり叱らない方がいいということをお伝えしています。

34 人は多面体

ご縁があって、校長先生や教頭先生たちの研修をお手伝いすることがありました。

ある教頭先生が、こんなお話をしてくれました。

「私たちの学校は授業が終わってから、生徒が皆分担して、教室や職員室や校庭を掃除することになっています。私たち教師は分担して、その生徒たちがきちんと掃除をしているかを見るようにしています。私の担当は職員室でした。職員室に来てくれる子ども達は、一所懸命、掃除をしてくれました。"素晴らしいね""ありがとう""よくやってくれるね"、そう声をかけていました。

彼らは喜んでいつも掃除をしてくれました。そのうち、時間前から来て、掃除をしてくれるようにまでなりました。あまりに素晴らしい子ども達なので、彼らの名前を聞き、その担任の先生のところに行って、"この３人ですけど…"と言ったところ、

『この３人ですか？ どうしようもないやつらでしょ。何か迷惑をかけていますか？ 申し訳ありません』と言われたんです。

私は、この３人がとても一所懸命やってくれているから、素晴らしいと伝えに行ったのに…。なぜ、こんなことになるのでしょう？」

その話を聞いた時、私は、**人は多面体であること**に気がつきました。

第七章　変えてみる

教頭先生の前では、その子ども達は、自分の素晴らしい面を出す。
担任の先生の前では、ふてくされたどうしようもない自分を出す。
どちらも事実です。

そして、そこから分かることは何か。

人は相手によって、自分の出す側面を変えるということです。

「どうして、お前はあの人の前では素直なのに、私の前では素直になれないんだ？」

理由は簡単です。

あなたが、相手から素直じゃない側面を引き出しているということです。人には多くの面があります。
どの面を出すか、それは相手によって変わるのです。

人によっては、「私の周りには、いい人しかいません」と心から言う人がいます。
全員、いい人なんでしょうか？
360度、いい人ばかりなんでしょうか？

多分、違うはずです。
でも、その人の前に出ると、いいところしか出せなくなる。
すなわち、その真ん中にいる人が、相手の中から良さを引き出している。その良い側面に強く光りを当てることができているからだと思います。

もし、あなたの周りの人が、嫌な人ばかりだとしたら、あなた

は見事に、あなたの周りの人たちから嫌な側面を引き出している、ということになります。

反対に、自分の周りは素晴らしい人ばかりだというのであれば、あなたは、周りの人から素晴らしい側面ばかりを引き出している存在であるということです。

あなたは、どちらの面を多く引き出していますか？

第七章　変えてみる

35 言葉の本質はエネルギー

人前で話す、講演する、スピーチする。
聴く側にとても響く人と、まったく響かない人とがいます。

文字にすれば同じ内容であっても、受け取る側は全く異なった受け取り方をします。
プレゼンの本質はエネルギーを伝えることである、というのが私の考えです。

言葉の本質はエネルギー。言葉には力があるのです。

ですから、文章にすると同じでも、エネルギーの質が違うから、伝わるものが違ってくるのだと思います。エネルギーの純度が高ければ高いほど、波動が美しければ美しいほど、人の心に入っていく。

どれだけ本質を伝えることができるか。
そのためには、自分のエネルギーの質を高めること。エネルギーの純度を高めること。
そこにこそ、本質があるのではないか。

言葉の本質はエネルギーであるならば、人はそこにいるだけで、言葉を発しています。つまり、黙っていても、エネ

第七章　変えてみる

ルギーが出ていることはお分かりだと思います。
ならば、黙っている時に、どのようなエネルギーを発しているか、それこそが大切なことではないか。

私の究極の理想の講演は、何もしゃべらないで、ただいるだけ。自分の発するエネルギーだけでいること。その状態で、参加者がエネルギーを受け止めていただき、何かを深く感じ、思考を深め、より素晴らしい生き方ができるようになること。
これが自分の目指す究極の姿です。

もちろん、このレベルに到達することはないでしょう。
でも、自分が目指すところは、そこにあります。

言葉で伝えている間は大したことがない。
文字で伝えている間も大したことがない。

ただいるだけで、何かを変えてしまうようなエネルギーを発することのできる存在。それも、良い方に変えてしまうようなエネルギーを生み出せる自分になりたい。

とんでもなく高い目標ですが、そこに向かって、自分のエネルギーの質を高めていきたいと日々考えています。

第八章　聴いてみる

36 信頼されるリーダー

あなたはどんなリーダーが信頼されると思いますか？

率先垂範する、困ったことがあっても逃げない、ビジョンを明確にする、皆を一つにする、そして、ぶれない。こういうイメージが、一般的にはよく言われているのではないでしょうか。

「どんなリーダーを信頼しますか？」
私が多くの企業を訪問し、多くの社員と対話して聞いたこと。
どの企業でも、現場の方は同じことを言っていました。

信頼するリーダー。
その1は、自分の話をよく聴いてくれる人。
その2は、自分を理解してくれる人。
その3は、いつも自分を見てくれている人。

これがベスト3でした。

様々なリーダーシップの本を読んでも、この3つがベストとは書かれていません。でも、現実に私が聞いた内容は、企業や業種が違っても、これらがベスト3だったのです。

このことが正しいとすると、
人の話は聴かない、一方的に話すだけで、相手のことを理解せず、自分のことばかり言う人。そのあとは他の所を見ている人。そんな人は信頼されないということです。

ここから分かることは、聴く力のある人、人の心を理解で

第八章　聴いてみる

きる人を、人は信頼する、そんな人についていきたいと。

この軸で自分を見た時、あなた自身は、どうでしょうか。

自分は日頃信頼される言動をとっているでしょうか。
自分は信頼される存在であるでしょうか。

自分を振り返ってみることが大切です。

37 人間の幅

人間には幅があると思います。

人に対して好き嫌いの激しい人、こういう人以外は絶対に受けつけない、という人は真っ直ぐではあっても、幅の狭い人のように感じます。

やはり、清濁併せ呑む、人にはこの幅というものが必要ではないでしょうか。

もちろん、どんなに濁っていてもいいというのは、行き過ぎです。でも、清い水に生物は住むことはできません。少々濁っていても、それを悠然と取り込むような、人としての幅がほしいのです。

ある歪んだ幅の人がいるとします。
自分の幅が10cmだったとして、その人の波打っている幅が25cmだったとすると、はみ出た15cmは切ることになります。すなわち、相手を否定してしまう。「あの人はダメな人間」という思いになります。

しかし、もし、自分の幅が30cmあったらどうでしょう？25cmの歪んだ人の幅も全て入ります。

自分の幅が広いと、個性豊かな人を平然と受け入れることができるわけです。

人としての成長の一つ。それは、多くの人を受け入れられるようになる、すなわち、自分自身の幅を広げることではないでしょうか。

第八章　聴いてみる

自分の幅が去年と比較して広がったか、5年前と比較して広がったか、考えてみてください。

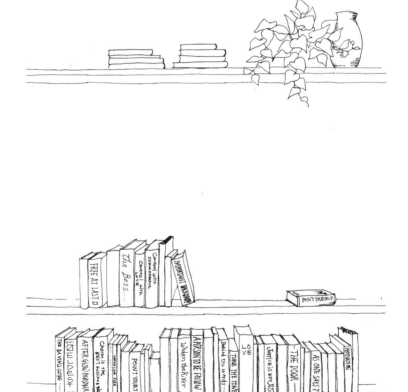

38 優秀な人

不幸だと感じる人、人を不幸にする人が増えていいわけがありません。
全ては自分も含めた人間の幸せのためにあります。

自分が不幸になるために、人を不幸にするために、仕事をしている人はいないと思います。

良き大人・人間・リーダーの定義。
もちろん私が勝手に考えている定義です。

それは「人を幸せにする人」、これだけです。

**良き大人・人間・リーダーとは、
「人を幸せにする人」。**

もし、あなたが組織を預かっているのなら、その組織で成果を出していなければ、人を幸せにはできません。でも、成果を出していても、組織内に体調やメンタルを壊したりする人を同時に生み出していたとしたら。
それは、私からすれば、良きリーダーではありません。
なぜなら、人を不幸せにしているからです。

リーダー・組織・会社、すべて「幸せ」という軸で見れば、とても分かりやすいです。

私は、長年、多くの「いい会社」を見てきました。
「いい会社」には、一つの共通点があります。

いい会社は「そこにいる社員が優秀」なのです。

第八章　聴いてみる

えーーー？　と思われるかもしれません。
「それだけ？」と不思議に感じられるかもしれません。

あの人は優秀だ、頭がいいという時、ほとんどの場合、左脳、偏差値が高いことを意味していることが多いのです。
本当に優秀な人とは、優秀という字を分解してみれば分かります。

「優秀」とは「優しさに秀いでている」と書きます。

そして、優しさとは「人を憂う」と書きます。

優秀の優は、人を憂える。人に対して優しいこと。**すなわち、優しいことに秀いでていることが優秀な人であるということです。**

頭脳明晰の人を優秀というわけではないのです。
そうであるならば、頭秀とか脳秀と表現する方が正確です。
つまり、他人を思いやることにおいて優れた人が、優秀な人なのです。

素晴らしい企業をたくさん見てきました。
そこで共通しているのは、社員が優秀であるということ。
常にお互いが他を思いやることにおいて優れている。
行き詰まった人がいれば、必ず、周りの人が声をかけてくれる。
これこそが優秀な人達の職場の特徴なのです。

そして、優秀な人達の組織であれば、人は辞めることはありません。
職場が温かいから、思いやりに満ちているからです。

周りの人に思いやられ、自分のことをたくさん理解してくれる職場で、メンタルダウンする人は出にくくなります。

人が辞めたくなることも、ほとんどありません。

自分は理解されていない、一人ぼっちである、頑張っているのに、周りの人は声をかけてくれない、となると、人は会社を辞めたくなります。

一人ひとりが優秀であること、とても大切なことだと思います。

第八章　聴いてみる

39 ジャッジしない

第八章　聴いてみる

誰かの話を聴く時、「正しい、正しくない」という視点で、人は聴きやすいものです。

人は他人からあまり判断されたくはありません。

そのままを受け入れる、良い悪いは考えないで。

この聴き方を身につけると、不思議なくらい相手は、初対面であっても、心の奥底を語ってくれるものです。

私自身、若い時は常に「正しいか、間違っているか」という軸足で人の話を聴いていました。年を経て、何が正しいか、何が間違っているかは、長い目で見て、時間が経ってみないと、なかなか分かるものではないということが分かってきました。

そのことが分かるにしたがって、人の話を聴く時に、正しいか正しくないのかを判断しないで、そのまま受け入れるという思考回路が身についてきたようです。

この思考回路のおかげで、世間的に地位がある人でも、初対面の方でも、信じられないくらい、大切なことや奥深い思いを語っていただけることが多くなってきたような気がします。

ジャッジしない。
判断しないで、そのまま受け入れる。

これができると、相手は本当のことを話してくれるようです。

40 認めることの大切さ

「うちの社員でどうしようもない人がいます。全社員から嫌われているんです」

ある社長さんが、そう言いました。その社員は仕事ができず、いつも不愉快な顔で仕事をしていたそうです。だから、周りの社員が、その人に辞めてほしいと思うのも、頷ける話でした。

その社長さんがあるセミナーに出て学んだこと。

「嫌な社員とは必ずコミュニケーションがとれていないから、一緒に食事をするとか、お酒を飲むとか、一度相手の話をじっくり聴いてみることをおすすめします」

社長は、会社に戻って、社員全員から嫌われている人をランチに誘いました。

「○○さん、あなたとランチしたことないわね。たまには一緒にランチしない？ 何でも好きなものをご馳走してあげるわよ」
「そうですか。カレーライスが大好きなんです。それも激辛」

社長とその社員は２人でカレー屋さんに出向いたそうです。

社長がそのカレーを一口食した時、あまりの辛さに、それ以上、何も食べられませんでした。でも、そのカレーライスが好きな彼女は、ばくばくと美味しそうにあっという間にたいらげたのです。

第八章　聴いてみる

「あなたってすごいわね。よくこんなに辛いカレーが食べられるわね」
社長はあきれて、こう言葉を発したそうです。

職場に戻って、その社員の午後からの勤務態度が全く変わったそうです。
1ヵ月経った時、周りの社員から「あの人には辞めないでほしい」と言われる存在にまでなりました。

仕事の側面で、仕事ができるところを見出して、それを認め、誉めたわけではありません。
ただ、とてつもなく辛いカレーを食べたことに「あなた、すごいわね」と言っただけです。
でも、この言葉をもらってから、彼女は生き方が変わったのです。

職場において、なかなか仕事ができない、誉めるところがないという人であっても、その人の全体を見た時には、必ずいいところ、いいものがあるはずです。
そこを強く認めると、実はその人自身の生き方が変わるということを学びました。

ある塾の講師をしている大学生たちを集めて話したことがあります。

「なかなか勉強しない子、勉強が少しも進まない子もいるでしょう。でも、もし、その子がクラブ活動で活躍していたら、もしくは家の手伝いをすることが得意だとか、何かいいところがあったら、それを強く認めて、誉めてあげたらいい。"あなたはすごいね"と」

後日、その塾を再訪した時、一人の大学生がこう言ってくれました。

第八章　聴いてみる

「先日言われたことをそのままやってみました。その子は勉強は嫌いでした。でも、塾は続けてはいたんです。"あなたは勉強は好きではないみたいだけど、クラブ活動すごいわね。足が速いのね、すごいじゃない"と言って、その子の素晴らしいところをたくさん認めました。それから、どんどん勉強する子になりました。大久保さんに言われた通りでした」

私も、その話を聞いて、また学びました。

仕事や勉強に直接関係のないところでも、**人は自分のどこかを認められた時、やる気が出てくる。**そして、認められると、やるべきことを一所懸命やるようになるのです。

第八章　聴いてみる

ノート

[**VOICE NAVIGATION**] ※著者からのメッセージ
QRコード先のサイトから音声をお聞きください。

ノート

第九章　本気で動いてみる

41 何を言うかより、誰が言うか

「私の部下は、指導をしても、全然聴いてくれないんですよ。私はどうしたらいいんでしょうか？」

「それはお困りですね。どうして彼は聴いてくれないのでしょうか。確かに、あなたの言っていることは正しいと思います。ただ、どうして聴いてもらえないか、理由は簡単です。… あなたが話しているからです」

人は正しいことを言われたからといって、受け入れられるわけではありません。実は何を言うかより、誰が言うかの方が、はるかに大切なのです。

言葉を変えれば、信頼や尊敬をしていない、自分が否定している相手から、正しいことを言われても、人がそのまま、それを受け取ることはありません。

正しいことを言ってもなかなか聴いてもらえない時、相手を責める、言い方を変える、これらは、全部無駄になります。

あくまでも自分自身を変えなければいけない、あなた自身が、人から話を聴いてもらえるような存在にならなければいけないということです。

でも、多くの方は、自分ではなく、聴かない相手を変えようとします。何度もお伝えしたように、人を変えることはできないのです。

もし、変わったとしても、それは表面だけです。中は変わっていません。中と外ではねじれがありますから、必ず、後

第九章　本気で動いてみる

日、勢いをつけて戻り、前以上に悪くなるという形を現すことになります。

何を言うかより、誰が言うか。

信頼、尊敬している人が言う時、人は初めて話を聴くものです。

ただし、自分が聴く側に回った時は全く別です。
若い人だろうが、だらしない人だろうが、どんな人が言ったとしても、それはそれとして受け止める度量が必要になります。

言う側と受け止める側とでは、心の持ち方は全く違います。

伝える側の時は、自分自身に問題がある。

聴く側の時には、どんな人の話も正しいことは素直に受け取る、という姿勢、心のあり方がほしいものです。

42 全ては、なるようになる

「これはどうなるんだろうか？ 心配だ」
「簡単だよ。なるようになるよ」
「いや、そんなこと言ったって…」
「いや、全てはなるようになるんだよ。ならないようにはならないんだ」

このことを理解すると、人は意外と安心できるものです。

どうなるんだろうかと不安にかられ、先の見通しが立たないところで悩んでいても、解決することはありません。

悩んでいると顔が曇ってきます。雰囲気も暗くなります。

それよりも、最後は「エイヤ！」と開き直って、「なるようにしかならないんだ！」という思いを心に決めることが大切だと思います。

もちろん、だからと言って、「努力しないでいい」という訳ではありません。

努力をした上で、最後、結果がどうなるか？

なるようにしかならない。

友人から時々難しい質問を受けることがあります。
私の答えはいつも単純です。

「うーん。なるようになるね。ならないようにはならないよ」

第九章　本気で動いてみる

なぜか、人は、いつもこれでホッとされるようです。

全てはなるようになるのです。

43 深い響きを持った人

第九章　本気で動いてみる

同じ話をしていても、話す人によって、
受け取る側の印象は全く変わります。

文字にすれば同じ。なのに、違う。
なぜ、このような結果になるのでしょう。

きっと、**相手に届く言葉を語れる人は、その言葉に、
その言葉の響きに深さがあるのではないでしょうか。**

この深さこそが、相手に届く一番の要因ではないかと思います。

あなたは自分自身が語る響きについて、考えたことがありますか。

浅い経験しかない人が語る言葉、深い経験のある人が語る言葉。
何とはなしに生きてきた人が語る言葉。数々の苦難を通り抜けてきた人が語る言葉。

同じ言葉でも、響きが違います。

実は、**響きは、その人の声から出るのではなく、心の奥底から
出るから、違いが出てくるのです。**

深い響きを持った人間になるには、自分自身を深めること、自分自身を掘り下げること、自分の幅を広げること。

いろいろな経験と思考を通して、響きを深めることはできるのではないかと思います。

44 本気であること

ある企業の社長から質問されました。
「私は人材育成を大事にしたいのに、幹部が全く興味を持ってくれないのです。私はどうしたらよいのでしょう？」
「業績と人材育成を、50％ずつの重みで評価されてはいかがですか」
「そのように数年前に変えたのですが、幹部全員が目先の業績ばかりに目をやり、人材育成に力を入れてくれないのです」
「それは、あなたが本気で人材育成を大切だと思っていないからです。どのくらいの頻度で会議をしていますか？」
「毎週月曜日の午前中に、幹部会をしています」
「その会議の時に、人材育成についての話はしていますか？もう一つの評価軸である数字の話ばかりをしているのではないですか？」

図星だったようです。言葉で人材育成の大切さをいくら語っていても、評価基準に入れていても、その社長の優先順位のトップは、目先の利益なのですから、幹部はその本音に沿って行動しているだけです。

本気とは、そのことに時間をかけること、お金を使うことです。

「トップの思いがなかなか組織の末端まで浸透しない」と言う人がいます。

答えは簡単です。

トップが、思いを徹底するために時間をかけていない。

第九章　本気で動いてみる

本気ではないからです。

なぜ、徹底できないのか、変えることができないのか。
分析しても意味はありません。

本気でないから、変わらないんです。

45 真心と常識で判断する

行政の方を対象にしたセミナーでのことです。
「皆さんが日頃、開催されている会議や、作成させている資料は、最終的に住民サービスに繋がっていますか？」と訊いたことがあります。

役人とは、人に役立つ人。役所とは、人に役立つ人がいる場所。その相手は、住民。
これは、どの行政の方にも納得していただけるところです。

彼らに、5段階評価で、自分たちの会議や資料が役立っているのかを聞きました。
「5」は全部役立っている。「1」はまるで役立っていない。なんともいえないのが「3」。

「5段階の数字の中で、自分のやっていることがどこまで役立っているか、**真心と常識で、**挙手をしてください。例えば、"この会議は意味はないけれど、今の上司である部長がやりだした会議だから止めるわけにはいかないし、だから価値があるんだ"、こういう理由は、真心では見ていません」

真心と常識で挙手をしていただいた、その結果はどうだったでしょう？

第九章　本気で動いてみる

ほとんどの人が、5段階評価の中、
あまり役立っていない「2」に手を挙げました。
数人の人が全く役立っていない「1」に手を挙げました。

自分たちが開いている会議、作成している資料は、住民の役にはまるで立っていないという判断をしたのです。これには、私自身も驚きました。

「それだけ役に立っていない、資料や会議ならやめてください。来月、また来ます。どれだけ会議をやめたかを私に話してください」とお願いをしました。

翌月、その報告を聞きました。

ある部長は、課長たちを集めて会議をしたそうです。
「テーマ：どうやって会議を減らすか」という会議。
でも、「今やっている会議は全て必要、資料も全て必要、ということで何一つ削減できるものはない」というのが課長たちの返答でした。
「それでは話にならない。何でもいいから、いくつか止める。そうじゃないと、次のセミナーに俺は出れない。格好が悪すぎる」
部長は、このあまりにも筋が違う、感情的な論を展開しました。

実はこれが正解でした。
「そこまで言うならば…」ということで、いくつか会議が減ったそうです。

会議をなくしたことで、どんなマイナスのインパクトがあったでしょう。

何一つ無かったそうです。

ほとんどの方は、組織の中で生きていく時に、「こんなことはやらなくてもいいのに…。こんなことはやっちゃいけないんだけどな…」と思っています。でも、その思い通りになかなか自分を運ぶことはできません。

正しいか、間違いかの判断に、難しい理論や難しい尺度はいらない、というのが私の考えです。

真心と常識で判断すれば、やって良いこと、してはいけないこと、ほとんどのことはこれで解明できます。

ただし、真心と常識で判断した結果を実践するには、少しだけ勇気が必要になります。

もっと大人の対応をしろ、と言われることもあるかもしれません。大人の対応というのは、真心と常識に目をつぶれと言っているのと同じです。
そこでも、目を開いて、「それは違います。これが人としての正しいあり方ですから」と貫き通す生き方。いつもそのようにしろ、とは言いませんが、時にはそういう生き方をしていただけたらよいのではと思います。

第九章　本気で動いてみる

第十章　実践してみる

46 理想を語ることと、実践することは別次元

ある講演会での話です。話し終えて会場を出て駅に向かう時、後ろから追ってきた40代の男性がいました。

「昨年、私はあなたの話を聴かせてもらいました。どんなに正論を言っても、自分が成果を出さない限り、聴いてはもらえないということを伺いました。その話を伺って、私は一所懸命努力をして、成果をあげ、その上で、上司に、社長に、長年思っていたことを伝えました。

全部、話を聴いてもらえました。社長自身、あり方を変えてくれました。役員会の内容も変えてくれました。役員同士のコミュニケーションもよくしてくれるようになりました。

去年、あなたの話を聴かせてもらったことで、本当にうちの会社はよくなりました」

その方は、涙を流しながらその話をされました。

「すみません、今から切符を買ってきますので」と言って、また戻った時には、もうその方はいませんでした。
自分が努力をし、会社がよくなったことをどうしても伝えたかったのでしょう。
私はとても嬉しい気持ちになりました。

言うは易く、行うは難し。
言うのは簡単です。理想を語るのも簡単です。

でも、それを実現するのは、別次元の話です。

第十章　実践してみる

百聞　＜　一見
百見　＜　一考
百考　＜　一行

百聞は一見に如かずです。そして、百回見るより、一つ考える方が素晴らしいのです。そして、百回考えるよりも一つ行動に移すということの方が素晴らしいのです。

私は残念ながら、ただ語っているだけです。
ですから、私の話を聴き、実践し、成果を出してくださる方がいることを、心から嬉しく思います。
そのような方には、驚きと感謝の思いしかありません。

私が言ったから良くなったんだ、とは思いません。

なぜなら、聴いても、実践し、成果まで繋げる人はほんの一握りだからです。

実践する人が成果を出す。

実践する人が立派なのです。

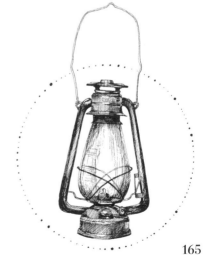

47 求めていることは、求められていること

上司に求めること、部下に求めること、それぞれいろいろあると思います。

ある日本を代表する大企業で、面白いことがありました。「この組織を良くしてほしい」というトップからの依頼で、部長10人、課長10人に集まってもらい、対峙して意見交換していただきました。

どう見ても課長の方が分が悪いはずです。ですから、課長には鼻っ柱の強い人ばかりを集めてもらいました。

それぞれ別室で、部長たちに対しては「課長に要求すること」、課長たちには「部長に要求すること」を書いてもらいました。

それぞれの部屋から、リストアップされた白板をゴロゴロと押しながら、集まってもらったのですが、どっちがどっちか、分かりませんでした。

つまり、どちらも、要求する内容が同じだったんです。

そこから私が学んだことがあります。

「あなたが求めていることは、あなたが求められていること」

ある県の幹部の方々の研修をさせてもらった時のことです。
「皆さん、霞が関（国）に言いたいことはありますか？」と、

第十章　実践してみる

県の幹部の方々にまず訊くと、どんどん不満が出てきました。

縦割りという仕組みは責任はとらない、話を聴かない、一方的に上から押しつけてくる……

「でも、皆さん、市町村に対して、そうしているんじゃないですか？」
「大久保さん、霞が関は東京です。私たちは県です。市町村とは一体となってやっているんですよ」
「分かりました。では、市町村の皆さん、県の方に何か要望はありますか？」と、今度は市町村の方々に尋ねました。
「大体、そこに出ていますね」
さらに、県からの国への要望内容に、5つくらい新たに付け足しました。

「あの人に、もっとこうしてほしい、ああしてほしい」と求めている人は、あなた自身が同じように、「こうしてほしい、ああしてほしい」と求められている可能性があります。

嘘みたいな話に思われるかもしれませんが、
あなたが求めていることは、あなたが求められていることかもしれないのです。

48 環境も生い立ちも越えるもの

「大久保さん、私は管理職ではないんです。ただの平社員なんです。いろいろ思うところはあっても、会社をよくしたり、上司を変えるなんて、自分の立場ではできません。組織を変えるには、マネージャーや役職につかないと無理ではないでしょうか？」

それも一つの考え方です。
多くの方は「そうだな」と思われるかもしれません。

でも、本当にそうでしょうか？

私の知り合いの製造業の会社で、工業高校を出たばかりの女性を、初めて製造現場で採用しました。

「とにかく仕事ができるようになりたい」と、彼女は休みの日も隠れて出社しては、見つかって怒られていました。そこで、同じ技術が学べる別の会社に行って、土日は勉強していました。

その18歳の女性社員の口癖は、
「うちの会社を日本一にする」です。

彼女は、社長や幹部とよく懇談していました。
「ね？ 社長！ 日本一の会社にするんですよね！」

彼女が入社して1年経った時、工場の雰囲気が変わったそうです。2年経った時、100人いる会社の雰囲気が変わったそうです。

第十章　実践してみる

技術現場では、技術がないと評価されません。彼女は最初、何の技術もありませんでした。しかし、周りは変わっていったのです。
なぜか？

それは、彼女の熱意です。いい会社にしたい。仕事ができるようになりたい。誰にも負けない努力もしたい。

彼女は、技能検定をどんどん受けました。
それまで、その会社には受ける人がいなかったのです。
「なぜ、先輩は受けないんですか？」
「別にそんなの受けなくていいんだよ」

ところが、彼女が受ける、受かる、次も受ける、受かる。
だんだん、周りも受けざるを得ない雰囲気になっていきました。
そうして、会社全体の力がアップしていきました。

役職なんて関係ありません。
思いのエネルギー。思いの深さ、強さ。
それが人を動かします。

彼女は、祖父と2人暮らしだったそうです。
祖父の食事を朝昼晩と3食作ってから、毎朝出社していました。

初めて、その女性にお会いした帰り、社長に飛行場まで送ってもらいました。その時お聞きした話に、私は涙が止まりませんでした。

「大久保さん、今日会った彼女は、幼い頃に、親に二度捨てられているんだよ。一度目は、近くに捨てたんで、戻ってきてしまった。だから、親は、戻れないように、二度目はもっと遠くに捨てたんだ」

子どもの時に親から二度も捨てられた経験。その人が前向きに努力して、雇ってくれた会社に対して、「日本一の会社にしたい」という思いで、周りの人間まで動かすような存在になっている。

「俺はどうしようもない環境で育ったから、だから、こういう風にふてくされるんです」
理由としては通っているかもしれません。

しかし、そのふてくされてしまうような、どうしようもない環境で育ったからこそ、とんでもなく素晴らしい人間になっている人もいます。
何を申し上げたいか。
今から、とんでもないことを言います。

あなたの育った環境が不遇でひどいものであったとしても、今の自分のだらしない生き方の正当な理由にはならないのです。

その環境を、あなたがどう受け取るか、そしてどう生きるか、それが全てなんです。

自分のダメさ加減を環境のせいにしている人で、成長できる人はいないんです。

周りを良くすることもできないんです。

第十章　実践してみる

...... then
　　　....... myself

49 頭を使う

ある企業の幹部研修を引き受けました。
その企業の幹部の多くは、高校もきちんと卒業していませんでした。
ですが、とても純粋な人が多く、私の話す言葉一つひとつがどんどん染み渡っていく、素直に受け取ってもらえ、感動したことがあります。

「皆さんの中で、頭が悪いと思っている人は？」
全員が勢いよく手を挙げてくれました。

「そうですか、皆さん頭よくないんだ〜！ところで、免許をもっている人は？」
全員が手を挙げました。

「皆さん、ちょっと待ってください。頭がよくないところで手を挙げましたけど、皆さん、免許をもっていますよね。日本では、免許は裏から取ることはできませんよ。それなりに、たくさんの規則を覚えて、筆記試験も通ったのですよね。皆さん、ご存知ですか。脳細胞の数は人によって変わることはないそうです。脳の仕組みも変わりません。頭が悪いという人はいないんです。頭を使っていない人がいるだけです。

第十章　実践してみる

必要性や**興味**をもった時、頭は稼働するようになっています」

私は60歳を過ぎてから、頭がよくなる方法を発見しました。
どうすればいいと思いますか？
簡単です。

使えばいいんです。
筋肉でもなんでもそうです。使えば良くなるんです。
どんなスポーツ選手でも1ヵ月、2ヵ月、3ヵ月、何もしないでベッドの上で寝ていたら、筋肉は衰えてしまいます。使わないからです。
脳細胞も同じです。使えばいいんです。

頭を使うとは、一つ考えること。
一つ考えたことを紙に書くこと。
その考えたことを、人前で説明、発表、発言することです。

人前で話せば、いろいろな感想をもらうことができます。それによって、振り返ることができます。ただ考えているだけではダメです。
とにかく、紙に書くことが大切です。
思いついたことを紙に書く。考えていることを紙に書くことによって、思考を深めることができます。
発言することによって、またその考えを深め、他人から評価をもらうことによって、その内容の純度をより高めることができるのです。

どんな人でも、考え、発言し、発表していれば、
必ず能力は伸びていくのです。

50 死ぬ時に、自分の人生に○(マル)をつけられる生き方

人はなぜ生きるのか？

人は死んだらどうなるのか？

若い時に、随分と悩みこみ、考えた時期があります。

そこで分かったのは、私がこのようなことを考えても、分かるようなことはない、ということでした。

ただ一つ強く思ったこと。
死ぬ瞬間に自分の人生を振り返るだろう。
その振り返る時に、自分の真心で、自分の人生を観て、○がつけられるように生きたい。
これが10代の時に出した、自分なりの人生観でした。

会社組織に入り、ここでは上司の意向に沿った方が自分の評価があがるのに、という時でも、その意向に沿って間違った生き方をしたら、死ぬ時に、自分で自分に×をつけてしまうだろう。その思いが強かったので、ある意味、上司からはあまり心地よくない存在であったかもしれません。

組織の中で生きていくと、
「そうせざるを得ない。本当はよくないのだが……」
ということに、誰しも、何回かは出会うと思います。

でも、その時に、人生の最期の視点から振り返って考えてみれば、道を外さなくて済むのではないかと思います。
「大久保さん、そうは言っても、自分自身を曲げたくなること、上司の意向に沿った方がいいと思って、そのように

第十章　実践してみる

されたことはないんでしょうか？」と訊かれたことがあります。

ありません。

「なぜ、そんな風にできるのですか？」

死生観からきた考えだから。
自分なりの人生観からきた考えだからです。

「人はなぜ生きるのか？」
そのことを10代で散々問い詰めて、分からないなりにも、その時、深い悩みから決断した思いが、基本の軸にあるからだと思います。

人は生きていると、毎日、一瞬一瞬、選択の連続になります。
何を選択するのか？

その前に選択する基準があります。

人生の岐路に遭遇した時、どちらを選択するのか？
その時にも必ず基準があるはずです。

基準がない限り、決断はできません。
他者からの自分への評価が、優先順位でトップの人は、そちらの方向にすべて舵を切っていきます。

しかし、そのような生き方をして、
人生の最期に〇をつけられるのか。

私の感覚では、〇はつけられないのです。

第十章　実践してみる

ともかく、人生の最期に自分自身で〇をつけられるような生き方をしたい。

70代になった今も、この基本は変わっていません。

子どもの頃は、精神的に弱くて、注射されると脳震盪を起こし、ふーっと気が遠くなってしまう、そのくらいの弱虫でした。注射針を見ているだけで、気が遠くなってバタンと倒れ、気がついたら、病院の2階の部屋で寝ていたということもあります。
倒れる瞬間は、多分1秒あるかないかだと思うのですが、その時、生まれてから6年生までの過去の映像を全て見たんです。全部見えたんです。物理的には1秒程度なはずなのに、10何年間の人生を見たんです。

その経験があったので、人は死ぬ一瞬に、自分の人生を振り返るのだろうと考えました。

死ぬ瞬間に、「見苦しい生き方をしたんだね、君は」と自分に言われたら、本当に取り返しがつかない。だから、◎はつけられないにしても、△に近いけど、まあ、〇だなと言える生き方をしたいと思います。

今のところ△です。〇はつかないんです、それどころか、かえって△になるような自分が見えてきています。
まずいです。70歳になった今でも〇はつきません。
いつになったら〇がつくのか？
〇を目指して生き続けたいと思います。

177

ノート

［**VOICE NAVIGATION**］ ※著者からのメッセージ
QRコード先のサイトから音声をお聞きください。

ノート

おわりに

最近、私も70歳になって、すごいことが分かったんです。

「70歳になって、
ほとんど何も分かっていないことが分かったんです」笑

本当なんです。

こんなに自分は分かっていなかったのか、
こんなに自分はできていなかったのか、
そう思うことがすごく増えています。

傍からみると「大久保さん、えらく謙虚になったね」と言われますが、全然、謙虚になったわけではないんです。自分を正しく観られるようになった、認識できるようになっただけなんです。

謙虚という姿勢には、時に、嘘が混じってしまうことがあります。
本当に謙虚な人は、自分ができていないことが分かっている人です。

本当に自分を客観的にメタ認知できたら、人は傍から見て、謙虚な動きしかできなくなるんです。

偉ぶる人というのは、多分、自分が見えていないんです。

人は限りなく己が見えていないんです。

だからこそ、常に、指は自分に向けるのです。

[VOICE NAVIGATION] ※著者からのメッセージ
QRコード先のサイトから音声をお聞きください。

【著者】

大久保 寛司（おおくぼ かんじ）

「人と経営研究所」所長

日本IBMにてCS担当部長として、お客様重視の仕組み作りと意識改革を行う。退職後、「人と経営研究所」を設立し、20年間にわたり、人と経営のあるべき姿を探求し続けている。「経営の本質」「会社の本質」「リーダーの本質」をテーマにした講演・セミナーは、参加する人の意識を大きく変えると評判を呼び、全国からの依頼が多数寄せられ、延べ10万人以上の人々の心を動かしてきた。特に、大企業・中小企業の幹部対象のリーダーシップ研修、全国各地で定期的に開催されている勉強会では、行動変容を起こす人が続出している。著書に、『考えてみる』『月曜日の朝からやるきになる働き方』『人と企業の真の価値を高めるヒント』など多数。

【挿画】

相馬 万里子（そうま まりこ）

ビジネスアート・アドバイザー

ランドスケープデザイナーを両親に持ち、幼少からアートやデザインの分野に興味を持つ。武蔵野美術大学空間演出デザイン学科を卒業後、同大学での研究室に勤務する一方、有名デザイナーの秘書を務める。子育てを経てクラフト教室やハワイのクラフトショップを運営。

現在は両親のビジョンでもあった自然と人が共に生きる暮らしや生き方のヒントを求めて世界を旅しながら創作活動を楽しむ。また、その中で培った独特の感性を活かし企業のコンサルタント、アドバイザーを務める。大久保寛司氏との出会いで、本質を見つめる生き方とアートとの共通性を確信し、感性という分野がより多くの人や企業を幸せにする可能性を探りながら活動中。

石坂産業株式会社セレクトショップアドバイザー。渋谷油脂プロジェクトアドバイザー。淡路島のカフェ・雑貨・宿「こぞら荘」アドバイザー。

【刊行の想い】

誰のために、何のために、この社会で働き、生きるのか？
「自分は何のために生きているのか？」という究極の問い。
その問いに、堂々と答えられる自分であるために。

10万人以上の行動を変容させてきた、伝説のメンターが問う「人生の本質」。
本書は、自分と対話し、心の原点に戻る、感じて動く本です。

エッセンシャル出版社

【VOICE NAVIGATION】
全ての音声は、こちらから聞くことができます。
https://www.essential-p.com/info/arikata

あり方で生きる

2019年11月11日　初版発行
2025年　4月11日　第5刷発行

著	大久保 寛司
発行者	小林 真弓
発行所	株式会社エッセンシャル出版社
	〒 103-0001 東京都中央区日本橋小伝馬町 7-10
	ウインド小伝馬町Ⅱビル　6階
	TEL：03（3527）3735　FAX：03（3527）3736
	URL: https://www.essential-p.com/

挿画	相馬 万里子
装丁デザイン	那珂 隆之（SHIMAUMA DESIGN）
本文デザイン	上野 郁江
著者写真	岩本 旭人　石川 英恵
制作協力	園田 ばく　田上 陽一　飴善 晶子　大久保 貴寛　大久保 裕子
編集制作	小林 真弓　磯尾 克行　上野 郁江　平手 喬久　渡辺 享子
	明石 肇　宮本 知香　小林 彩加
用紙アドバイザー	小川 亮

印刷・製本　シナノ印刷株式会社

© KANJI OKUBO 2019 Printed in Japan
ISBN978-4-909972-04-0 C0095

＊定価はカバーに表示してあります。
＊落丁・乱丁などがありましたら、弊社送料負担の上、お取替えいたします。
＊本書のコピー、スキャン、デジタル化等の無断複製を禁じます。